教保專業倫理

理論與實務 第二版

張純子 著

教保工作倫理

把幼教機構中幼兒、家長、同事、主管

當成生命共同體，

大家彼此成就、相互照顧，

以平等心來服務及奉獻。

把工作中成員當作自己的家人來對待；

如此──彼此都受益，

社區、社會也都能受惠。

作者簡介

張純子

學　　歷　國立中正大學教育學博士
　　　　　　國立台南師範學院幼兒教學碩士
　　　　　　國立台南師範學院幼兒教育學士

現　　任　仁德醫專幼兒保育科助理教授兼主任

曾　　任　國立台南大學幼兒教育學系兼任講師
　　　　　　嘉南藥理科技大學兼任講師
　　　　　　南台科技大學兼任講師
　　　　　　世一文化幼兒教育研究發展中心輔導講師
　　　　　　幼兒園教師五年、主任二年、園長十年

專　　長　幼兒圖畫書教學
　　　　　　幼兒多元智能教學
　　　　　　教保專業倫理
　　　　　　幼兒教師教學情緒
　　　　　　幼兒教師專業發展

授課領域　教保專業倫理
　　　　　　幼兒教材教法
　　　　　　幼兒園班級經營
　　　　　　幼兒學習檔案製作
　　　　　　幼兒教具設計與應用

著　作　鄭博真、張純子、嚴慧媛、黃懷慧、傅菀清、蘇姿
　　　　菁（2004）。多元智能與圖畫書教學。台北：群
　　　　英。

　　　　張純子（2013）。教保專業倫理。台北：心理。

　　　　張純子（2015）。幼兒園課室經營。台北：群英。

二版序

筆者於 2013 年出版本書，即受到學術界之文獻引用以及實務現場教保服務人員之共鳴。自 2012 年國家施行了《幼兒教育及照顧法》，面對十年來日益變革的幼教環境政策，例如：教保服務機構的定義由先前的公私立幼兒園，現在已擴大機構之種類（公立、私立、準公共、非營利、社區互助式、部落互助式、職場互助式等），提供幼兒教育及照顧服務者，以至於社會環境對幼教影響的各種變化與相關利害關係人（幼兒、教學者、家長、經營者、政府）的權益責任皆入法規範與保障。

本書新增修訂內容，呼應著國內幼教政策更迭與時俱進，貼近現場教保服務人員的職場脈絡，「0～2 歲嬰兒保育專業」、「2～6 歲教保專業」、「6～12 歲課後照顧服務」等，讓未來即將步入職場的教保師資生於投入職場前必須明瞭，當面對幼兒、家長、同事或社會行為時，宜具備的專業倫理、工作倫理的基本價值觀及政策法規，如此在面對種種倫理問題時，方能有正確的價值抉擇和倫理明辨。

是以，無論台灣或美國的幼教人員專業倫理守則，首要為絕不傷害幼兒，然教保服務人員若對於教保政策之內涵及政策規準不了解，恐怕未來在實務現場可能會在有形或無形當中傷害幼兒而不自知。因此，本書之二版修訂，希冀更強化學生具備絕不傷害幼兒，進而積極保護幼兒免其受傷害，且尊重幼兒與家長，正視並確保其權益之專業知能。另一方面，亦同時增修《幼兒教育及照顧法》、《教保服務人員條例》、《兒童及少年福利與權益保障法》、《幼兒園園長專業訓練辦法》、「幼兒園教保服務人員工作倫理守則」等相關規範內容。據此，透過熟悉教保服務之權利、義務、責任與

專業規範,並學習善用正向管教方法,即能有效地幫助教保服務人員在充滿機會和抉擇中有所定見,不致迷失自我,而成為教保產業職場上亟待延攬且有用之人才。

　　作者持續以多年的幼教實務經驗、專業授課與學術研究之經驗出發,藉由現場教保服務人員工作生涯體驗分享,提供教保實務題材的「多元課堂教學方法」應用,得以順利進行教保服務人員專業倫理發展、倫理守則、兩難情境案例之探討。

　　本書撰寫理念符應教保專業倫理教育之重點有三:(1) 認識教保的相關法令與規範、角色責任與專業能力;(2) 發展教保專業倫理內涵,從教保專業倫理教育模式中學習抉擇、行動與生命關懷;(3) 透過多元教學方法、案例分析與角色扮演,教保師資除了扮演催化者角色,還可以提醒學生在很多似是而非的想法中,也應考慮社會觀感,建立學生未來職場上反思與實踐的學習機制。

張純子 謹誌

2023 年 7 月

目次

CHAPTER 1

緒論

　　幼兒教育與國、中小教育階段功能明顯不同，幼兒由家庭走入幼教機構被視為家庭教育的延伸，對他們身心發展上的影響其實遠超過其他階段。因此，在幼兒教育當中，專業倫理教育問題更是身為教保服務人員必須深刻去理解的。

　　當前全球化與國際化的浪潮下，專業倫理已隨著時代趨勢發展而因應新的內涵與價值，如何從多元角度詮釋教保專業倫理，已然成為大專校院幼教保科系師資培育新的挑戰。本章分成五節：其一，當前教保專業倫理教育現況與省思；其二，教保專業倫理發展在師資培育過程的意義；其三，教什麼？課程重點在哪裡？其四，怎麼教？獨立或融入？其五，專業倫理的教學方法。

第一節 ■ 當前教保專業倫理教育現況與省思

在當代社會中，不論是知識經濟、全球化、資訊社會或數位資本主義所架構的社會整體論述型態，教保服務人員在此多元社會中的角色定位已不再能像往常般的單純與專一，其必須跳脫傳統文化對於教保服務人員定位之框架，並重新思考當代社會中的專業倫理（蕭佳華，2009）。在此快速演變的浪潮下，專業倫理也隨著時代趨勢發展而因應新的內涵與價值，如何從多元角度詮釋專業倫理，已然成為幼教保科系師資培育新的挑戰。

一、專業倫理教育成為教保師資養成的重要基石

「專業」（profession）這個名詞，有別於「行業」（trade）。「行業」是指遵循常規，由熟練而成技巧；「專業」則是指一種專門的職業，此種專門職業的工作人員必須在某個專業領域中接受長期的專業培養並能因事制宜。例如：專業涉及理論知識，需要長時間學習，需要透過客觀測試以確保水準，需要核發證照和自律的組織。教育人員專業之構成要素包括：明確的知識體系、長期訓練、專業自主、專業發展及專業倫理符碼。其中，與道德規範相關者為教師專業倫理符碼的建立（黃乃熒，2007）。近二十年來，西方在專業倫理的發展日趨深入、明確，而專業倫理教育也成為教師專業養成教育過程中愈形重要的一環。

教保專業倫理課程，為從事幼兒教育工作的教保服務人員，必須且宜具備的先備條件。在教育部於 2012 年修正公布的「幼兒教育幼兒保育相關系所科與輔系及學位學程學分學程認定標準」第 2 條，明確規定教保科系學生，依規定宜修畢教保專業知能課程至少 32 學分（教育部，2012）、成績及格、取得專科以上學校畢業證

書者，才具有教保員資格。顯見此門實踐研究之課程，在幼兒教保科系學生具備了對幼教的相關知能之後，實際透過理論結合實務的安排，體現職場的教保專業倫理。因此，可從學習經驗中的身教、情境學習、環境薰陶等潛在影響發揮教育效果。實施對象包括：幼教保科系在學生及在職幼兒園教保服務人員。由此可知，教保專業倫理教育實有探究之必要性。

作者在歷年授課「專業倫理」過程發現，教保專業倫理的兩難問題，對於身處公私立不同幼兒園環境脈絡下對專業倫理的認知有所差異，尤其以私立幼兒園於自由市場化競爭激烈的教育環境，教保服務人員不但必須積極因應內部環境的要求，還必須加重對家長的服務功能（張純子、洪志成，2007）。因此，當幼教工作者在遭遇和面對倫理挑戰時，可提供相對應的準備和指導性架構，以幫助其做出較好的決策。亦即培育學生具備「理解與表達」專業倫理議題與責任歸屬，並具不同群體與文化「互動與對話」的能力（Capurro, 2005）；希冀藉由此課程能增進幼教保系學生的自我價值感，以及疏通師生不同生命關係的道德情感。

二、當前教保環境下，多元價值的倫理思考

美國教育學者 John Martin Rich 在《教育中的專業倫理》（*Professional Ethics in Education*）一書中，提出專業倫理的定義。他認為專業倫理（professional ethics）是社會中存在於專業角色和專業行為，所有關於倫理、價值的議題，提出專業倫理可以發揮下列四種功能（Rich, 1984）：

1. 一個強制執行的專業倫理準則可對當事人確保一件事：專業服務提供達到合理標準，而且符合道德行為的規範。由此，可讓專業人員實施獨立的判斷。

2. 對大眾確保一件事：專業人員為大眾的利益服務，由此專業

人員應持續地享有大眾的信任、信心和支持。

3. 提供一致的準則與行為標準，藉此專業人員知道什麼是可以被接受的行為，以使其行為受到適當的規範。在此同時，保護專業人員免於不利的批評、法律的案件和證照的撤回；避免政府介入專業，使其喪失自主權。

4. 專業倫理是職業擁有專業地位的標誌之一，由此促使半專業或未達專業標準的職業向專業邁進，這應該是它努力的方向之一。

專業倫理對於提升教師專業地位，規範教師的專業行為有其實質上的重要性，在教師專業享有「專業自主」（professional autonomy）的同時，更必須要求「專業自律」，使教師行使職權或進行教學時心中有一把尺，知道哪些事應該做，哪些事不該做，進而規範自己的行為（吳清山、黃旭鈞，2005，頁48）。尤其，教育的對象是人，教育人員的專業決定和專業作為都可能對人產生正面或者負面的影響，學校裡老師和老師、老師和家長、老師和行政人員及老師和學生之間的互動都會對其倫理知覺產生影響（Zubay & Slotis, 2005）。以幼教場域倫理而言，倫理之所以特別重要，是因為不只是教保服務人員、行政人員本身可能有倫理的問題，也在於他們必須要對幼兒的道德福祉及教育負責（Haynes, 1998），因此教育工作被視為倫理的志業（Zubay & Slotis, 2005）。

觀諸當今的幼兒教育，在面臨多元價值、意見、各種可能衝突層出不窮的情況下，如何因應來自各方的要求，成為教保服務人員一項重要的工作原則，似乎無法簡化為完全符合家長及幼兒園的期望，當面對無可避免的個人和團體衝突時，他們往往被期望能夠妥善處理這些衝突，但是這通常不易達成，當其談論倫理正確性時，「正確性」一詞聽起來似乎僅是基於表面上的方便而非道德正確（Zubay & Slotis, 2005）。換言之，教保服務人員所做決定與作為，有時可能基於一時方便而非真正倫理的考量，導致有違倫理情

事仍時有所聞，其可能產生的反教育效果亦不容忽視。

三、教保實務現場之倫理兩難面面觀 ── 認同或排斥？

教學工作的對象是「人」而非「事」，故極為繁複精細，責任艱鉅，絕非率由舊章，習成技巧，便可勝任自如（王靜珠，2005）。因此，在提供服務過程中，教師專業實踐終在能獲得他人專業的信賴感，就提升教師專業信賴感而言，「倫理」就是最為核心的議題之一（Campbell, 2003）。

谷瑞勉（1999）指出幼教場域具有：(1) 工作環境的孤立性，服務對象的脆弱性；(2) 反思自己經驗的重要性；(3) 對各種教保決定負責等特性。因此，更需要專屬於幼兒教育的專業倫理守則。然而，教保實務現場兩難的情境常常是兩種利益無法兼顧之下的產物，造成兩難衝突的利益中，其中一方常可能身陷在利益的糾結中；以下是發生於幼教實務「兩難情境」的一隅。

身為一位教保服務人員，若碰到下列情況時，會如何應對？

1. 這次又聽到隔壁班同事傳來很大的咆哮聲和孩子的哭聲，心想這次還要再過去關心嗎？上次已經被她狠狠說了一句「不用你多管閒事啦……」。

2. 當家長說要轉班，園長只給了我一個「孩子跟你的星座不合」的理由，這理由聽起來超瞎的……，當我跟園長要一個是非對錯時，他卻回答我：「只要能保住學生，就要順著家長轉班呀」，我又能怎麼辦？

3. 私立幼兒園有招生壓力，面對需及早發現通報轉介特殊幼兒的問題，園長會告訴我們不要通知家長，因為家長都比較無法接受，會認為孩子因此被貼上標籤而學童會流失，這讓我好掙扎……

　　以上在教保現場的兩難情境，作為一位幼教實務工作者心中往往存在著一份認同與分殊的尺度，它衡量及裁判著周遭的萬萬事物。「道德權威」是指判定社會上好壞事物的規準，會因人而異，人們秉持的道德權威在基礎上會有互異排斥的狀況。有時如同教保服務人員與主管人際間的鴻溝，是信念的辨論與道德觀的競爭。幼教工作者從事工作雖然基礎而固定，但卻極可能會超越康德（Immanuel Kant, 1724-1804）對懷疑論的批判高度，直接以直觀無礙的方式，掌握或認識外在世界（Norris, 1995, p. 6）。因為幼兒教育關注的是基礎的，是底層的，它會仿效甚至超越哲學思想思辨的「實相」（the real）追尋的腳步，而去關注那些底層不變的常理或者說是先驗的真理（a priori truths），因為它們正是組成人類的思維（李芳森，2009）。

　　在面對多元文化的衝擊之下，教保服務人員更面對著意識型態、生活方式、生命理念的「淪陷或堅持」，迫使他們進退於「認同與拒斥」矛盾的十字路上，無法迴避地備受煎熬。對於位居知識分子金字塔基層的幼教工作者而言，雖非身處掌握大眾文化關鍵地位，但亦非邊緣人，他們會成為文明社會理性的代言人，抑或成為文化霸權國度中的犧牲者？乃取決於其自身內心的信仰與執著（黃瑞祺，2000）。

　　身為一個稱職的教保服務人員，在工作過程中難免會面臨倫理兩難困境，如何才能取得雙贏？首先，教保服務人員需要經過專業成長學習專業的處理模式。其次，於學前教育環境，要認知每位幼兒來自不同家庭背景，往往有其個別差異，需要懂得適時運用不同的應對方式。

　　是以，時下幼兒教育機構經常面臨之專業倫理困境，具有教學倫理、托育倫理、行政倫理等面向。各面向均應繫於幼兒最佳利益之考量，教保服務人員秉持正確的倫理道德來達成自己的責任與任務，時時刻刻都需要擁有正確專業知識、價值觀與倫理道德在工作

中運作,以達成最佳成就。

四、本書之教育目標與定位

本書分別就各章節論述幼兒教育工作專業倫理之相關課題,包含倫理定義、概念與內容,書中內容豐富多元,藉此協助同學在面對未來幼童產業領域建立教保工作倫理的基本價值觀,並找到因事、因地制宜的倫理處理策略。

(一)教育目標

1. 教保專業倫理內涵、相關研究、教學方法及當代倫理議題的了解與敏感度。
2. 個案討論和反省,明瞭在道德推理上經常出現的爭論,進一步對道德兩難事件做推理。
3. 從幼兒教育倫理守則,發展出道德行為的基本原則,以提升教保專業目標與價值。
4. 了解不同的幼兒園組織文化,學習倫理兩難問題的解決策略。
5. 理解教保專業倫理「融入式課程」之相關議題。
6. 認識「0～2歲嬰兒保育專業」、「2～6歲教保專業」、「6～12歲課後照顧服務」工作定位、專業倫理及教學實務。
7. 學習教保服務人員專業發展的資源運用,落實專業倫理的態度與表現。

(二)教學重點

1. 探討專業倫理對於幼兒園工作的重要性,理解身為一名教保服務人員的專業定位與社會責任。

2. 《幼兒教育及照顧法》政策下，認知教保服務人員資格與類別，以倫理觀點作為教保專業的思維脈絡。

3. 釐析專業倫理意涵、形成、維持與變遷，及其面臨的挑戰。

4. 探究教保專業倫理規範，協助學生熟悉教保工作中相關的倫理基本議題，引用幼兒園倫理兩難實際案例，對應專業倫理守則與擬定的處理策略，增進解決問題的意識。

5. 提出專業倫理「融入式」課程設計的相關議題（例如：生命教育、教學情緒、多元文化教育、班級經營），於相互碰撞的過程，進一步反思各項不同議題內涵和幼兒園現況融入的合理性，以便對既有的幼教專業知能、幼兒園場域與師生主體經驗，持續地共同進行修正與更新。

6. 因應目前台灣幼教保科系畢業生出路及幼童 2 ～ 12 歲服務現象，加入「兒童課後照顧服務人員」專業倫理，配合「課後照顧中心」案例分析，進一步探討課後照顧人員工作特質與形成心理壓力等問題。

7. 教保服務人員專業倫理態度、專業精神的養成，須透過不斷地專業發展及做好生涯發展與規劃。

第二節 ■ 教保專業倫理發展在師資培育過程的意義

　　台灣一連串教育改革中，師資培育一直為重要的議題。倫理是社會的道德規範系統，隨著當今科技不斷地提升與演進，高等教育學生的心靈及道德品質卻未見同步提升（紀潔芳，2006）。教師與很多職業不同之處，其一在於其為長時段與全面性的過程，如果教育是讓人成為人的事業的話，很難在短期內看到成果（陳仲翰，2011）。一般而言，師資培育過程中的主流仍然是教導技術能力與技巧，而忽視教學中的倫理議題，也使得這些倫理議題無法與課

程、教學、評量與班級經營等等連結起來（Campbell, 2003）。故
培育教師專業倫理十分重要，因為具有專業倫理的教師，會將培育
道德人當成教師專業精神基礎，當其與專業能力一詞結合時，亦成
了教師的「倫理知識」（ethical knowledge）（Campbell, 2003）。

一、教育工作可作為一門道德事業

詹棟樑（2005）指出，需要將專業精神視為基本道德，這樣才
能讓教師將自身的專業能力（包含知識與技能）完全呈現出來。因
此，專業倫理教學目的，即在讓幼教保科系學生探討與釐清生命關
懷與生命意義探索的課題，期待透過課程對話，引領學生反思，進
而建構自我與幼教生活世界的關係，重新確認自己的主體性。

Carr（2000）認為教育並非僅是理論事業，而更應是實踐事
業。因為學生是容易受傷害的，加上學校教育本身具有的強迫性
質，更呈顯了教育的重要特性（Campbell, 2003, p. 104）。Carr 認
為用道德的觀點來看待專業知識與理解時就不會落入理論與實踐的
二分法中，即我們必須對人類生活及人類交往之間的形式進行嚴肅
的反思，其為一種「關切至善的追求之實踐理據形式」（p. 92）。
教學作為道德的事業之核心在於「洞察或辨識與人類處境相關之問
題與難題」（p. 91）。實際上，教學就是人與人之間的關係，教師
所關注的、所困惑的也都是圍繞在學生之上（Schwarz, 2001）。因
此，教師的生命與情感本身也都體現在教學過程之中；同時，教師
也不可能完全脫離社會對他的期待。

教師最主要的工作在於教學，教師的專業發展不能與教學脫離
關係，也正是教學的實踐提供了發展德行的關鍵。實際上，道德能
動性，是一種雙重的但相互關聯的承諾：「教師同時是道德人與道
德教學者。」藉由將兩者的結合，教師成了必然的模範與具備德行
的作為與態度的典範（Campbell, 2003, p. 138）。

另外，道德的另一項重心是要具有關懷的能力。從關懷倫理學的觀點來看，關懷本身就是一種社會實踐（Tronto, 1993）。教育的本質是道德取向的活動，而實際進行教學活動的教師，所傳達的大多是道德關聯的語言以及關懷學生的意向表現（Elbaz, 1992）。關懷倫理的基本思想在於「對每一個體的需要予以適當的反應，目的是建立並且維護關懷關係」（Noddings, 2005, p. xviii）；同時，「關懷別人實際上是關懷自我的持續」（Noddings, 2005, p. 90）。也就是說，一個人要能夠關懷他人之前必先要能夠關懷自己，即須能夠從平日中培養自身開放與接納的深度，同時在關懷關係的實踐中感受到情感的交流與回饋。

二、從倫理學多元取向觀點構築專業發展取向

為喚醒教保服務人員角色的重新認同，履行「轉化型知識分子」的教育責任，應積極地學習教育倫理學，以建立專業的教育倫理（梁福鎮，2006）。促進教保服務人員專業發展所涉及的面向甚廣，從倫理學觀點取向，闡述提升教保服務人員專業發展的有效途徑：

（一）倡導理性溝通及強調互為主體性

在教育活動中，教保服務人員的作為與人際的行為應「互為主體性」，於是在教育問題上產生對話、互動、交談等，彼此相互尊重，於是「夥伴性」便成為達到教育目標的有效動力。

（二）以行動智慧為導向的專業發展

專業發展是一種道德責任，也是一種心智模式的轉型，強調整全系統觀的培養；教保服務人員專業發展更是一種發現問題、解決問題的歷程。林志成（2005）主張「知識的行動性與實踐性」，是

理性知識、感性行動與實踐倫理的整合，提倡行動智慧可彰顯行動者的專業倫理信念及圓融的實踐行動。

（三）全面建立教保專業倫理之架構

以教育倫理學為哲學立論，運用批判、省思、對話等方式，探討現存問題中幼兒教育理論與實踐的內涵。其內涵包括：幼兒圖像的探究、價值導向教育的說明、道德教育意義的分析、教育行動規範的詮釋、教保專業倫理的探討、師生關係內涵的研究、教學倫理問題的解釋以及觀念的分析。

（四）自我更新取向的專業成長

以倫理學的觀點而言，建立自我更新取向的教師專業成長，其具體可行的途徑包括：

1. 讓自我更新、反省形成制度化與系統化，訂定倫理檢核表，針對倫理特質在自我反省的固定時間中找出發展不佳的倫理特質，再重新反思、更新及強化較弱項目。
2. 運用多元的評量取向，針對倫理發展取向的項目採用自評、組織同仁、主管等多元方式進行評量，藉以找出彼此知覺差異的盲點。
3. 運用幼兒園「行為事件」，透過訪談經驗豐富、表彰優良的主管或教師，以作為自我反思、自我成長、自我發展及自我更新的倫理動力。

（五）行政倫理領導理念的發展

幼兒園的教育使命在於品格與德性的塑造，必須涉及倫理的考量，領導者執行政策所採用的行政裁量，本身就是一種倫理價值的判斷。因此，發揮倫理學觀點建立幼兒園行政領導新取向，共同致力於推動幼兒園領導者倫理學觀的在職專業發展，以營造組織專業

文化與道德氛圍的學習型情境。

（六）強化幼兒園領導人之倫理意識

園長綜理校務隨時都在做行政決定，每個決定都包含了事實與價值命題，事實命題是在決定「做對的事」，價值命題則有賴「個人主觀的判斷」。往往與倫理議題有關的，是他們所面臨的價值命題隱含較多的問題，其牽涉個人權力與行政影響力的運作。

第三節 ▪ 教什麼？課程重點在哪裡？

一、教保工作倫理教學涵蓋之範圍

（一）「道德」與「倫理」之概念

當在探討教保專業倫理之前，為了對「倫理」一詞之意涵有深刻的了解，在概念上實有需要先一步釐清「道德」（morality）與「倫理」（ethics）二詞。由於，任何形式的人類互動及社會行為都包含著價值判斷及決定，所以「道德」與「倫理」將存在於所有社會中（Verhoef & Michel, 1997）。

例如 Schelling 曾指出，「道德」只是針對個人的規範要求，而且只要求個人達到人格的完美。但是，「倫理」則是針對社會規範的要求，並且要求全體社會遵行規範，藉以保障每一個人之人格。哲學家 Hegel 認為「道德」涉及個人的主觀意志，而「倫理」則只體現於家庭、社會和國家中的客觀意志，或稱為「倫理生活體系」（Sittlichkeit）。大體說來，「道德」關涉個人，而倫理則是涉及社會群體。並且，一般都將「倫理」視為較「道德」廣泛的概念（沈清松，1996，頁 2；Becker & Becker, 1992, p. 329）。

（二）專業道德的條件

陳美玉（1996）指出教師專業權力的賦予，應以培養成熟而自主的專業者、有能力自行設置實踐規準、隨時檢視自己的專業行動與行動結果為依歸，而不是形塑被動符應專業規範的教師。因此，在協助教師發展專業自主性、提升專業權力的過程，則應避免將教師預設為「絕對的道德人」或「無價值預設的中立人」，忽略了教師個殊的「目的性動機」之掌握，唯有先掌握此種積極而實際的教師角色意涵，才能避免過度高估教師的理性與專業道德性，並以人性化的積極作為激勵教師不斷擴展專業理性，而不流於浪漫或放任主義。

因此，在大力倡導教師擴充專業權力的過程，實應將教師當作一個有主觀想法的「個人」來看待，配合具體的誘導策略用以導正教師的專業發展方向，最終以造就成熟、自律自主的專業者為依歸。專業道德亦即職業倫理、職業道德或專業倫理，教保服務人員的專業道德應是盡其所能為幼童提供優質的服務，亦是擔任專業工作者所應具有的條件（蔡淑桂，2006）：

1. 教保服務人員必須深一層、正確及徹底的認識自己的工作性質、環境與職責。
2. 強化教保服務人員一些好的、適當的、令人接受的特質，例如：開放的胸襟、有創意、親切和藹、主動、熱誠等。
3. 尊重且維持教保服務人員既有的能力，並讓這些能力得以適當發揮。
4. 給予教保服務人員適當啟發，提供省思成長並了解教保工作對社會的意義與自我的存在價值。

二、教保工作倫理教育所應包含之面向

（一）教保服務人員的道德角色

　　林建福（2005）認為專業的主要意義與特色是涉及倫理的面向，而倫理則包含人與角色。教師既已被認同是從事專業工作的人員，其中專業倫理是專業中的一項特質，是教師體認自身具有道德的角色，負起道德教育的責任並遵守教學倫理傳道、授業與解惑。教師因教學被確認具有專業地位，教師的教學如 Van Manen 所認為的：「看重道德焦點，將焦點放在對學童好的、對的及正當的事情上面，以及他們未來可能面對的生活上。」（Henderson & Hawthorne, 2000）

　　Bergem（1990）引用了 R. S. Peters 於 1974 年書中對教育與倫理的論述，提出既然教師負責照顧與輔導學生個人發展，而「道德」也常見於教學背後的原理及實施中；故教學應當被視為道德事業（moral enterprise），教師則是道德代理人（moral agent）。因此，絕大多數人都同意老師是僅次於父母與學生相處最久、對學生影響最大的人。社會大眾也多相信老師能合理地對待學生，傳遞社會的價值觀以及作為學生學習的楷模（Sirotnik, 1990）。教師道德角色在一般人的心目中是公平、公正以及關懷學生的（Ryan, 1988）。

（二）教保服務人員的專業與道德實踐

　　教師是孩子生命中重要的典範，學校是啟動品德教育的核心。在教師專業倫理中很明顯的是「道德的代理人」教師的成長（陳埒淑、陳惠美，2007）。教保服務人員的道德角色在於自我本身對道德教育的認同後，才能有教育專業倫理的表現。道德教育實踐的成

效，在於個人對品德教育的認同程度及實踐努力的情形。而教師的認同也要學校組織體認品德教育的重要性，若能決定以品德教育作為教學的特色，不受傳統對道德教育刻板印象的影響，能使教師在課程教學中願意嘗試實施品德教育，看到學生的改變，接受且願意推動品德教育。因此，在推動的過程中，幼兒園組織必須透過不斷的協商、溝通，在體驗與省思中願意配合，堅定教保服務人員的專業，激發對道德教育的嘗試與努力。

第四節 ▪ 怎麼教？獨立或融入？

　　教保專業倫理教育是一種應用倫理學之教授，課堂不能只停留在條文或文字上的認知，更重要的是道德與倫理行為養成是一種內化的過程，必須要能夠與生活經驗連結，深入理解其在社會情境中之意涵，才有實踐的可能（曾華源，2011）。專業倫理教育可以是獨立或是融入的課程，在各專業課程中討論專業知識與技術如何合乎倫理要求。以「專業倫理」教學可分為兩種形式三種方法進行：

一、專業倫理為「主軸」形式的課程

（一）評析倫理學理論

　　第一種「評析倫理」方法是採取評析各種倫理學理論、介紹幼兒教育工作價值倫理與規範，但是此種方法較少有系統地去討論及運用不同的實務情境，學生大都會偏重認知上的學習，較無法能夠有理解與應用的能力。

（二）系統性的倫理案例

　　第二種方法以「系統性的倫理」安排各種倫理案例及實踐情

境，引導學生透過問題解決式思考來學習各種倫理理論、原則，從不同案例中的意義去辯證，以及面對倫理兩難困境時，應用倫理原則的優先性。特別是，能夠讓學習者更加覺知和反思個人價值、專業價值、社會價值與工作機構立場所帶來的一些衝突（曾華源，2011）。然而，系統性並非能完全有系統地讓學生了解教保工作專業價值與倫理，並可以在學習過程中持續提供不同的討論問題和作業。

二、專業倫理為「融入式」形式的課程

第三種「融入式」方法，是指在各專業課程之中討論專業知識與技術如何合乎倫理要求，它的優點是倫理與專業實務結合。其中，學生在幼兒園機構實習或見習過程中，能針對實習情境所遇到的問題做辯證與說明，這是真實的情境，對於學生在學習上是良好機會，可以比較理解在提供教保服務上專業倫理的重要性，且能夠增進教保工作專業目標的認同；此種方法其實有較多的助益，也更能理解倫理原則和守則之重要性與運用（張純子，2012）。

整體而言，這三種教學方法均有優、缺點，可能需要考量在不同層級而做適當的搭配與運用。如果針對學生「沒有實務經驗（含實習）」，可以在一些主題採取「融入式」課程，並結合一些重要的案例讓學生有初步的認識及了解。然而，對於有「實習經驗或實務工作」的學生，可以進一步採取倫理案例與情境教學為主，可進一步引發學生對此一課題更深刻的理解，並且促成對專業的認同。至於進一步層級的教學課程，則應著重在基本倫理學理論、文化規範的理解，以及專業倫理實踐所面對的一些議題。

因此，修習課程時機和內容、重點與深淺均應該注意之外，下一節將進一步介紹學習「專業倫理」課程的教學方法，以提升學生學習專業倫理之效益。

第五節 ▪ 專業倫理的教學方法

相較於一般的專業課程往往只提供抽象籠統的原則，忽略情境脈絡的重要性，專業倫理課程需要提供專業實務中的複雜現象分析、解釋與討論的機會；促使理論與實務更緊密連結。教保專業倫理教學這類課程的教材，可以採用多元的教學方法。

然而，面對日益資訊化的社會，理論課程的講述、案例討論已無法提升學生的需求，教保專業倫理系統性教材，應結合多媒體的呈現，以及案例與角色扮演等，以主題為主，探討不同主題內容與教學方法的合宜性，以利學生對教保專業的內涵覺知，建立實踐的能力。

一、講述教學法

「講述教學法」是教師運用敘述或講演的方式，傳遞教材知識的一種教學方法。教師清楚專業倫理課程教學目標，利用講述內容、綜述要點，由淺入深協助學生建立正確專業倫理教育理念，理解個人對於幼兒教保工作環境認識與專業倫理、專業發展之相關性結合。

講述要領：(1) 講述時間不宜過長；(2) 充分準備；(3) 表達清楚合宜；(4) 儀態自然大方；(5) 講述內容配合學生程度；(6) 善用教學資源。

二、討論教學法

「討論教學法」是指團體成員齊聚一起，經由說、聽和觀察的過程，彼此溝通意見，以達成某種教學目標。適時採用討論教學

法，可以是針對一個概念的討論與釐清，也可以讓學生針對幼兒園機構「倫理兩難事件」進行討論，集思廣益發表心得。例如四至六人一組，10 至 15 分鐘內討論出結果來，分組輪流報告；特別是，討論時訂定討論與發表規則，可培養深思的明辨能力。

進行步驟如下：

1. 教師引言或提示。
2. 全體討論或小組討論（四至六人一組）。
3. 腦力激盪法（10 至 15 分鐘）。
4. 口述結論或綜合意見。

三、個案分析教學法

「個案分析教學法」是倫理課程非常重要的教學方法之一，也是教育學科中具有成效的教學法（張純子，2012）。以「問題為本的個案教學法」（problem-based case method）是以問題為導向來做批判思考，抉擇問題所涉之倫理道德原則。在個案教學法裡融入有「道德討論教學法」、「角色扮演法」、「價值澄清法」三種，教學特色在於著重藉由討論、分享，既能符合一般教學的意涵，即「教學是施教者以適當的方法，增進受教者自願學習到有認知意義或有價值的目的活動」，又能兼具教育「彰顯人的知、情、意、行的生命特質潛能」（歐陽教，1985，頁 9）。以下分別介紹三種教學方法：

（一）道德討論教學法

「道德討論教學法」（moral education）屬於情意領域的教學方法，討論個人的態度、情感和價值觀點，它強調「規範性的應然」（prescriptive ought），藉由在教室中討論假設的或真實生活的「道德兩難困境故事」，闡述故事中包含的道德問題辨明其中的

道德觀點，讓學生與道德認知發展階段比自己高的同學進行公開討論，以刺激學生對道德衝突情境的興趣，進而促進學生道德認知結構的發展。

進行教學步驟為：引起動機→呈現故事→提出兩難困境問題並分組→全班分組討論→結束討論→總結或摘要。

（二）角色扮演法

「角色扮演法」（role playing）是透過故事和問題情境的設計，讓學生在設身處地情況下嘗試扮演故事中人物，然後再經由團體的共同討論及扮演技巧的運用，來幫助學生練習各種角色的行為，以增進對問題情境的認識和洞察。學生可藉感同身受的方式：(1) 學習各種角色的行為；(2) 練習人際溝通技巧；(3) 嘗試問題解決；(4) 發展個人想像力及滿足好奇心；(5) 學習友伴合作的關係；(6) 培養應付未來生活的適應能力。

嘗試給予學生另類的思考、自我發揮的空間，進行教學步驟如下：暖身→挑選參與者→布置情境→安排觀眾→演出→討論及評鑑→再扮演→再討論及評鑑→分享與結論。

（三）價值澄清法

「價值澄清法」（values clarification）從許多定義中可歸納出一個共同點：價值是代表人類生活的重要事物，並非讓人時刻都能意識到它的存在，是一種主觀存在個人心目中，而非客觀存在於實際世界的觀念；也是一種「描述性的實然」（descriptive is）（邱連煌，1996；Raths et al., 1966）。

透過教學策略，協助學生運用理智思考，察覺自己和他人的情緒及價值觀，這是經由選擇、珍視、行動的歷程，來達到認識自我、澄清並建立屬於自己的價值觀，及獨立做決定的一種教學方法。活動內容如下（歐用生，1992；Volkmor et al., 1977）：

1. 書寫活動：以紙筆進行的活動，主要讓學生回答一些問題以刺激思考。

2. 澄清反應：當學生表示與他們的態度、抱負、目的、興趣和活動有關的想法時，教師便依據學生的所作所為、所說、所感，加以適切地語言反應，以引起動機，刺激思想，並慎思內省以澄清價值觀念。

3. 討論活動：教師對學生發表的意見不立即批評，教師站在催化者地位，促使學生更自由開放的討論。

四、體驗發表教學法

「體驗發表教學法」係針對教保專業倫理課程之目的，培養學生正確的態度、高尚的情操及陶冶學生的性情。以道德欣賞——對某人某事所表現的道德品格或社會品格的欣賞，並兼顧情理的完整教學，以達成健全人格的教育目的之實作取向教學方法。

運用生活化和體驗方式進行，是屬於有趣又具啟發性的動態課程，指導學習者應用語言、文字、音樂等方法，表達自我的思想、智慧和情意的教學法，我們稱之為「發表教學法」。針對專業倫理議題課程可透過體驗活動或相關影片、紀錄片、教學媒體一起觀賞並參與討論，或進一步邀請教保實務工作者身歷其境現身說法，具有警惕、預防作用。其特色讓學生直接參與感受所模擬情境人物的喜、怒、哀、樂等情緒；有此感受後就更加能體驗他人在某種情境下的情緒表達或需要，而與人際有更好的互動。課程進行方式如下：

1. 影片賞析＋討論（觀賞後心得）。

2. 繪本導讀＋討論（課後學習單）。

五、案例教學法

　　「案例教學法」是指教學上的案例是對真實事件的敘述，這裡敘述包含了事件中的人物、情節、困境或問題，以作為分析、討論、做決定、問題解決等。並藉由日常生活中真實事件作為教學材料，結合教學主題，透過討論、問題等師生互動的教學過程，讓學習者了解與教學主題相關的概念或理論，並培養學習者高層次能力的教學方法。

　　王金國（2013）在《案例教學法與教師專業倫理》一書中提到，案例教學法運用在其教授的教育人員專業倫理課程中，經學生教學評鑑回饋，給予相當高的肯定；其在省思中也指出，案例教學法的內容較不具系統性，因此，建議綜合採用各種教學方法的優點，結合各種不同的教學方式於課程的實施，期讓學生針對課程有一系統性的教保專業倫理之認知信念，並能透過案例分析與角色扮演，運用於未來實務的教學現場。

不一樣的亮亮

　　亮亮曾在早期療育機構上課學習一段時間，學習的狀況經評估後，早療老師建議讓亮亮回到幼兒園普通班級，和一般的孩子一同學習及成長。可是家長造訪過許多家幼兒園，都以資源不足及其他原因等拒絕亮亮入園，輾轉數家幼兒園後，因緣際會來到「妮妮幼兒園」的小熊班。

　　在小熊班的學習過程中，亮亮總是喜歡獨處、塗鴉、活在自己的世界裡，一直無法參與團體生活，像動態活動體能課時若遊戲音量略大些，亮亮就會大聲尖叫完全失控無法參與活動。而在進行靜態閱讀活動時，他的目光從不在書本上，注意力不集中、

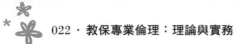

容易分心，常會隨著找尋自己想要觀察的物品就在瞬間離開老師的視線。分組時，同年齡的孩子會主動找亮亮聊天，但亮亮只會在自己的世界裡，常常出現坐立不安、東張西望、拍桌子發出聲音、面部肌肉緊張、口吃或吃力的深呼吸、咬指甲及情緒不穩等情形。

案例討論學習單

案例主題：　　　　　　　　　　　　撰寫者：

發現問題：

案例癥結：

歸納原因：

提出行動方案：

見習或實習期間有無類似經驗：

其他（包括小組或個人的獨特見解）：

資料來源：張民杰（2008）。

結語

　　幼兒發展與其他教育階段有所差異，教保服務人員需要擔負部分親職養育功能，所以教保服務人員所應具備的專業能力自然與高中、國中或國小教師並不相同。然而，教保服務人員身處在日益多元和變遷快速的社會價值規範中，幼保工作發展面向廣泛，生態論（ecology）所擴及的處境範圍與方法差異性也越來越大；如何確認專業倫理課程範圍，是一個重要課題。再者，教保專業倫理教育所包括的內容與面向相當廣，須正視與關切大專院校幼教保科系師資培育專業倫理教育與當前幼兒園環境脈絡互為搭配的問題，否則恐將影響幼兒教育的專業定位與服務品質。

　　培養專業教保服務人員的過程不應僅是培養技能性的能力，更應強調教學與教育專業的基礎在於道德性質與倫理知能。是以，專業倫理是教保工作專業認同與發展之根本，終究要靠教保專業從業人員具備實踐專業倫理的能力，面對幼兒教育問題要能夠覺知價值並能夠做好價值抉擇和倫理辨明。如同 Rhode（1986）指出，倫理判斷不能只憑事實的資訊或專業技巧可以做得好，還需要考慮到它的範圍或精緻處，包括對價值上所可能具有些微差異的敏感度，遵守倫理守則及確保、清楚明瞭道德行為（Cobb & Jordon, 1989）。

　　藉由本章緒論，闡明教保專業倫理之目標與定位，期許未來的「教保工作者」唯有學習價值倫理課題，方能在實務工作情境中妥善思考並提供適切性的教學服務，也才能成為真正獨立、專業的教保服務人員，「教保專業」才足以獲得廣大社群之認可。

▌問題與討論▌

1. 請舉出幼兒教保工作具有哪些「專業」的特質。
2. 請說明「教保工作是一種道德行為活動」的概念，及其對教保服務人員有何重要性。
3. 請簡述「道德」與「倫理」不同的概念，並舉例之。
4. 請運用「討論教學法」，討論教保服務人員的工作是「專業或非專業」？
5. 依本章中「不一樣的亮亮」個案，進行「案例討論學習單」格式的練習。

▌參考文獻▐

中文部分

王金國（2013）。**案例教學法與教師專業倫理**。高等教育。

王靜珠（2005）。淺談幼保人員的托育服務意義及專業責任倫理的認知。載於亞洲大學舉辦之「**第二屆健康的幼兒教育學術研討會**」論文集（頁 97-109），台中。

吳清山、黃旭鈞（2005）。教師專業倫理準則的內涵與實踐。**教育研究月刊，132，** 44-58。

李芳森（2009）。理性與批判──幼兒教師應有的哲學素養。**大同技術學院幼保研究集刊，1，**72-93。

沈清松（1996）。倫理學理論與教育專業倫理教育。**通識教育季刊，3**（2），1-17。

谷瑞勉（1999）。**幼稚園班級經營──反省性教師的思考與行動**。心理。

林志成（2005）。從行動智慧概念看校長專業發展。**教育研究月刊，129，**5-14。

林建福（2005）。教育專業倫理的哲學省思：專業、角色、人。**教育研究月刊，132，**30-43。

邱連煌（1996）。價值澄清與學生管教（一）。**國教天地，117，**34-42。

紀潔芳（2006）。視聽媒體在生死教育教學上之運用。載於何福田（編），**生命教育**（頁 143-170）。心理。

張民杰（2008）。以案例教學法增進實習教師班級經營知能之研究。**國立嘉義大學國民教育研究學報，20，**147-176。

張純子（2012）。生命教育融入幼保專業倫理課程之探究〔論文發

表〕。2012 年第八屆生命教育學術研討會：自主、靈性與大學生命教育，台北，台灣。

張純子、洪志成（2007）。**勞心勞力——學前教師職場之情緒勞務及其工作壓力**〔論文發表〕。2007 技職教育永續發展學術研討會，台北，台灣。

梁福鎮（2006）。**教育哲學——辯證取向**。五南。

教育部（2012）。**教保專業知能課程之科目與學分對照表**。教育部。

陳仲翰（2011）。教師專業倫理發展在師資培育過程上之意義。**教育資料與研究**，**103**，69-90。

陳美玉（1996）。教師權力的提升與專業成長。**台灣教育**，**552**，23-28。

陳埩淑、陳惠美（2007）。教師專業倫理與道德教育教學的實踐。**研習資訊**，**2**（24），77-84。

曾華源（2011）。台灣社會工作專業倫理教育之回顧與前瞻性議題。社區發展季刊，**133**，430-444。

黃乃熒（2007）。**教師專業倫理及其完整實踐之行動**。2013 年 3 月 26 日，取自 http://www.cogsh.tp.edu.tw/department/ principal/95.doc

黃瑞祺（2000）。**現代與後現代**。巨流。

詹棟樑（2005）。教師的專業倫理與專業精神。**教育研究月刊**，**132**，11-17。

歐用生（1992）。澄清「價值澄清」教學法的價值。人文及社會學科教學通訊，**3**（3），127-135。

歐陽教（1985）。教學的觀念分析。載於黃光雄（主編），**教學原理**。師大書苑。

蔡淑桂（2006）。**幼兒保育專業倫理**。永大。

蕭佳華（2009）。國內教保人員專業倫理思考的發展脈絡。載於曾火城（主編），**幼兒教保專業倫理**（頁 4-1～4-29）。華格那。

英文部分

Becker, L. S., & Becker, C. B. (Eds.) (1992). *Encyclopedia of ethics.* Garland.

Bergem, T. (1990). The teacher as moral agent. *Journal of Moral Education, 19*(2), 88-100.

Campbell, E. (2003). *The ethical teacher.* Open University Press.

Capurro, R. (2005). Information ethics. *CSI Communications, 28*(12), 7-10.

Carr, D. (2000). *Professionalism and ethics in teaching.* Routledge.

Cobb, N. H., & Jordon, C. (1989). Student with questionable values or threatening behavior: Precedent and policy from discipline to dismissal. *Journal of Social Work Education, 25*(2), 87-97.

Elbaz, F. (1992). Hope, attentiveness, and caring for difference: The moral voice in teaching. *Teaching and Teacher Education, 8*(5-6), 421-432.

Haynes, F. (1998). *The ethical school.* Routledge.

Henderson J. G., & Hawthorne R. D. (2000). *Transformative curriculum leadership* (2nd ed.). Prentice Hall.

Noddings, N. (2005). *The challenge to care in schools: An alternative approach to education* (2nd ed.). Teachers College Press.

Norris, C. (1995). *Deconstruction: Theory and practice.* Routledge.

Raths, L., Harmin, M., & Simon, S. B. (1966). *Values and teaching: Working with values in the classroom.* Charles E. Merrill.

Rhode, M. L. (1986). *Ethical dilemmas in social work practice.* Routledge & Kegan Paul.

Rich, J. M. (1984). *Professional ethics in education.* Charles C Thomas Publisher.

Ryan, K. (1988). Teacher education and moral education. *Journal of Teacher Education, 39*, 18-23.

Schwarz, G. (2001). Using the teacher narrative research in teacher development. *The Teacher Educator, 37*(1), 37-48.

Sirotnik, K. A. (1990). Society, schooling, teaching, and preparing to teach. In J. I. Goodlad, R. Soder, & K. A. Sirotnik (Eds.), *The moral dimensions of teaching.* Jossey-Bass.

Tronto, J. C. (1993). *Moral boundaries: Apolitical argument for an ethic of care.* Routledge.

Verhoef, H., & Michel, C. (1997). Studying morality within the African context: A model of moral analysis and construction. *Journal of Moral Education, 26*(4), 389-407.

Volkmor, C. B., Pasanella, A. L., & Raths, L. E. (1977). *Values in the classroom.* C.E. Merrill.

Zubay, B., & Slotis, J. F. (2005). *Creating the ethical school: A book of case studies.* Teachers College Press.

CHAPTER **2**

幼兒教保之專業倫理

　　有關幼兒教育是否為「專業」的問題已討論很久，各家的看法仍不一，儘管如此，自 2012 年 1 月 1 日開始施行《幼兒教育及照顧法》後，幼兒教育工作者被期望能朝向專業化發展成為專業人士，已然成為當前幼兒教育界持續努力的方向。

　　本章分成四節，主要從倫理起源及概念分析的角度探討與理解。首先，提出現今成為教保服務人員的類別資格和相關法規。其次，探討有關幼兒教育工作的「專業特性」。其三，以倫理觀點作為教保專業的思維脈絡，分別論述效益、正義、關懷、批判和德行倫理在教保機構環境的應用。最後，教保專業倫理的養成與發展，涉及教學倫理、工作倫理、保育倫理與行政倫理四項，其中背景、角色、觀點與立場的不同，可能衍生出不同的行為模式。

第一節 ▪ 教保服務人員

　　從廣義角度而言，教保服務人員包含所有在幼童教育機構服務的相關人員，本節明確釋義：幼兒園園長、幼兒園教師、教保員、助理教保員、托育人員和兒童課後照顧人員的專業資格。

一、教保服務人員資格及法規

　　2001 年 2 月 26 日教育部與內政部為積極推動幼稚園與托兒所之整合措施，就整合定位與方向研議共識。從起步階段（1997 至 2000 年）、政策規劃階段（2001 至 2003 年）、政策結論公開階段（2004 至 2006 年即確認幼托整合政策規劃結論報告書），直到政策立法階段（2007 至 2010 年）通過「兒童教育及照顧法（草案）」送立法院審議，但並未完成立法程序。於是，幼托整合政策歷經 14 年的推動歷程，攸關我國學前教保制度變革的《幼兒教育及照顧法》在 2011 年 6 月 29 日經總統明令公布，自 2012 年 1 月 1 日開始施行。本法正式實施後，「幼稚園」及「托兒所」的名稱走入歷史，改由可提供兩歲至入國小前幼兒接受教育及照顧服務的「幼兒園」取而代之，學前教保制度的法源依據為《幼兒教育及照顧法》，權責機關統一為教育部門。教保服務人員的資格依據 2012 年 1 月 1 日《幼兒教育及照顧法》施行，相關法規如下 [1]：

　　1. 《幼兒教育及照顧法》（民國 111 年 6 月 29 日修正）。

　　2. 《幼兒教保及照顧服務實施準則》（民國 112 年 2 月 27 日修正）。

---

[1] 相關教保專業服務法規可至「全國法規資料庫」（https://law.moj.gov.tw/）查詢。

3.「幼兒園基礎評鑑」（107 至 111 學年幼兒園基礎評鑑）。

4.《師資培育法》（民國 108 年 12 月 11 日修正）。

5.《教保服務人員條例》（民國 111 年 6 月 29 日修正）。

6.《幼兒園在職人員修習幼兒園教師師資職前教育課程辦法》
（民國 107 年 4 月 2 日修正）。

7.《幼兒園園長專業訓練辦法》（民國 112 年 2 月 27 日修正）。

8.《國內專科以上學校教保相關系科認可辦法》（民國 109 年
3 月 6 日修正）。

9.《高級中等學校幼兒保育相關學程及科認定標準》（民國
107 年 7 月 25 日修正）。

二、教保服務人員的類別

本書界定之教保服務人員各依據《幼兒教育及照顧法》、《教保服務人員條例》和《兒童及少年福利與權益保障法》，以 0 ～ 12 歲嬰幼童為服務對象。

（一）園長

1. 具幼兒園教師或教保員資格。

2. 在教保服務機構（含《幼兒教育及照顧法》施行前之幼稚園及托兒所）擔任教師、教保員，或幼兒教育、幼兒保育相關科、系、所畢業之負責人，並實際服務滿五年以上。

3. 經直轄市、縣（市）主管機關自行或委託設有經中央主管機關認可之幼兒教育、幼兒保育相關科、系、所、學位學程之專科以上學校辦理之幼兒園園長專業訓練及格。

（二）幼兒園教師

　　幼兒園教師應依《師資培育法》規定取得幼兒園教師資格，幼兒園教師資格於《師資培育法》相關規定未修正前，適用幼稚園教師資格之規定。

（三）教保員

　　依《教保服務人員條例》，教保員應具備下列資格之一：
1. 修畢經中央主管機關認可之國內專科以上學校教保相關系科之幼兒園教保專業課程且取得專科以上學校畢業證書。
2. 具備國外專科以上學校幼兒教育、幼兒保育相關系、所、學位學程、科畢業證書，並取得經中央主管機關發給之修畢教保專業課程證明書。
3. 前項第一點國內專科以上學校教保相關系科之師資、設施、招生名額、課程之設置基準、學分抵免、審議、認可、廢止認可及其他相關事項之辦法，由中央主管機關定之。

（四）助理教保員

　　幼兒園助理教保員除《教保服務人員條例》另有規定外，應具國內高級中等學校幼兒保育相關學程、科畢業之資格。

（五）托育人員

　　依《兒童及少年福利機構專業人員資格及訓練辦法》，所稱兒童及少年福利機構（以下簡稱機構）專業人員，托育人員其定義，指於托嬰中心、安置及教養機構提供教育及保育之人員。

（六）兒童課後照顧服務人員

　　依《兒童課後照顧服務班與中心設立及管理辦法》（民國101

年 6 月 4 日訂定發布，民國 108 年 12 月 5 日修正）。應具備下列
資格之一：

1. 高級中等以下學校、幼稚園或幼兒園合格教師、幼兒園教保
   員、助理教保員。
2. 曾依中小學兼任代課及代理教師聘任辦法或國民中小學教學
   支援工作人員聘任辦法聘任之教師，或委託辦理之 180 小時
   課後照顧服務人員專業訓練課程結訓。
3. 公私立大專校院以上畢業，並修畢師資培育規定之教育專業
   課程者。
4. 符合兒童及少年福利機構專業人員資格，但不包括保母人
   員。
5. 高級中等以上學校畢業，並經直轄市、縣（市）政府教育、
   社政、勞工等相關單位自行或委託辦理之 180 小時課後照顧
   服務人員專業訓練課程結訓。

第二節 ▪ 幼兒教保專業工作

幼兒時期是一生中人格發展的重要關鍵時期，幼兒們在這
段期間內所受的教育是好是壞，影響孩子未來的發展。目前世界
上許多先進國家均十分注重幼兒教育的品質，美國幼兒教育協會
（National Association for the Education of Young Children，簡稱
NAEYC）在其出版的《幼教綠皮書——符合孩子身心發展的專業
幼教》（*Developmentally Appropriate Practice in Early Childhood
Programs*）一書中強調學前教育人員是落實幼教專業的舵手，不論
幼兒教師是在課室內或課室外，都對兒童未來的學習有深遠影響
（Bredekamp & Copple, 1986/2000）。有關幼兒教育是否為一「專
業」的問題已討論很久，而幼兒教育工作被期望能朝向專業化發
展，教保服務人員被期望成為專業人士，展現專業化的表現，係當

前幼兒教育界努力的方向乃無庸置疑。

一、幼兒教育專業的意涵

　　從「專業」的定義與特徵來解釋，到底教師是否為一項專業，一直以來都是爭議所在。聯合國教科文組織（UNESCO）於1966年通過「關於教師地位建議案」中，強調教師專業性質，認為「教學應該被視為是專業」（Teaching should be regarded as a profession）：它是一種服務公眾的型態（姜添輝，2000；楊國賜，1985）。再者，Feeney 與 Freeman（2005）提出專業被定義為一種工作，其成員必須受過文科或科學訓練並在專業領域內有進一步研究，專業重要內涵包括：

1. 成員須接受長期的訓練。
2. 成員的條件須由專家嚴格掌控。
3. 根據服務對象的特殊需求來運作專門知識及技能。
4. 實務工作者遇到困難時，有一套適當而標準的作業程序。
5. 不論是成員訓練、檢定發照、服務品質及其他作業處理，專業內部均能夠自主決定。
6. 屬於利他主義的服務取向，而非以利益為重。
7. 訂有專業倫理守則，對社會交代自己的責任義務（Feeney & Freeman, 2005/2011）。

　　教保服務人員專業的意涵並非一成不變，它會隨著時間改變而出現不同的理想與涵義，專業的發展也不是一開始即擁有自身的專業意涵，如同 Hargreaves（2000）所言：「教師專業的圖像與教學的本質，通常會受到其他專業徑路的影響，而成為政策制定者、社會大眾以及教育人員本身據以形塑教師專業的基礎。」

　　Katz（1985）提出幼兒教育工作「專業」必須符合的八項規準：

1. 社會需求：藉由本身的知識、技術，為社會服務滿足社會的特殊需求，使社會不斷的發展與進步。

2. 利他主義：指出這一項職業必須是服務導向而非利益導向，成員能無私奉獻而非僅著重眼前利益。

3. 自主性：專業人員必須具備自己的專業知能來進行各種專業判斷，不受顧客、雇主及其他人指揮或控制。

4. 專業倫理守則：指專業團體應訂定倫理守則，以保障服務對象的最佳利益及避免專業人員在執業過程中的不當誘惑。

5. 與服務對象保持距離：指專業人員應與服務對象保持最適當的情感距離，宜根據專業知識的判斷，公平地對待每位服務對象。

6. 行事標準：指專業團體應訂定行事標準程序，一方面使成員不至於草率行事降低服務品質；另一方面則避免專業人員因服務對象的身分不同，而做出不公平處置。

7. 長期訓練：經專業訓練後在專業人士監督下發給執照、文憑或學位，也要提供一致而有系統的繼續教育。

8. 特殊知識：指專業領域知識是獨特的，與其他領域的知識也有所區隔，這些知識由專業人員藉由講習會、刊物等途徑進行。

　　專業的行使係專業人員運用專業知能提供專業服務，而由於專業本身的特殊性，使得一般人難以判定專業行為是否合乎倫理規範，以致任何的專業決定即使是不合乎專業倫理也不容易為消費者或一般人所察覺（蘇永明，2002）。誠如 Katz（1989）研究發現，專業與非專業幼兒教師的差異在於，專業教師運用可靠的專業知識和專業見解做判斷，並能著眼幼兒長遠發展的利益；非專業教師則多視當時情況，以在最短時間內解決事情的方法做決定，非以兒童長期發展利益為目的。

　　回歸到幼兒教保服務人員的專業工作而言，即是代替父母擔

當部分教養幼兒的責任。例如：幼兒在首次與父母暫時分離的場所中，能否享有安全的照顧，和適應幼兒園生疏的環境，就凸顯了教保服務人員的專業知能及專業倫理負責的態度。所以教保服務人員雖然常說自己的職業是從事幼教工作，但是要強調幼兒教保服務人員的工作，是一份全能的專業服務，不僅代表其獨立能力及責任，也表現了崇高的專業地位（王靜珠，2005）。因此，「專業」就帶有該職業所特定的「倫理」意涵，此種倫理意涵即在於彼此之間的信賴關係（黃藿，2002）。基礎在於教師與學生之間的信賴關係，這種信賴關係不僅指向教師本身的專業知識與技能，也指向師生之間互動時所產生的信賴（范亞梵，1995，頁 50-51）。當此種關係建立時，也就結合了「經師」與「人師」兩者而成為良師的基礎。所以，讓幼兒教育專業倫理持續發展，最終仍須回歸到教師自身的自發投入，並在教學現場持續考慮自我、受教者與社會共同之福祉，並藉由對話、反省與實踐不斷成長。

二、幼兒教保工作的專業特性

Katz 於 1994 年提出幼兒教育專業可以從兩種層面來看：第一種層面，是使用專業知能形成判斷；第二種層面，即是採用幼教專業表現標準（引自 Katz, 1995/2002）。吳清山（1998）指出專業缺乏「知能」是空的，無法「自主」是假的，未具「倫理」是亂的。因此，要破除專業的空洞、假象和混亂，必須建立三者密切的關係。三者之間的關係極為密切，三者如果缺了一項，就像三角形缺了一角一樣，很難站立起來。

本節依據幼兒教保工作的專業特性分成：專業知能、專業自主、專業認同、專業倫理、專業服務與專業成長等六種，分別敘述如下。

（一）專業知能：指與幼教工作有關的專業知識與教學能力

NAEYC（1994）主張幼教人員的專業知能應包括：幼兒發展、健康與保育、環境設計、發展適宜課程、行為觀察與輔導、家園關係、文化與個體差異及專業倫理，這些內容已涵蓋幼兒教保專業全面知能及不同的意涵等重要的工作能力。

1. 良好的人際溝通能力。
2. 良好的品格道德（以身作則）。
3. 班級經營能力。
4. 專業發展與成長能力。

（二）專業自主：教保服務人員在教學工作中擁有教育專業判斷與教育決策參與自主權

1. 加強設計課程與執行課程的能力。
2. 培養自行規劃活動、發展課程，或改編課程與教材的能力。
3. 增進教學省思及撰寫省思札記的能力。
4. 凡走過必留下痕跡：教學檔案、作品、發表、研究。
5. 建立自己的形象。
6. 達成自我和他人的肯定。

（三）專業認同：教保服務人員對幼教工作具有積極的認同感與歸屬感

1. 本身對幼教工作的了解，從事工作時所持有的想法、理念與價值觀。
2. 從事幼教工作時對幼兒教育功能、目的、方法的認同。
3. 在幼教工作中表現出對工作的執著和責任。
4. 對幼教工作的一份歸屬感和承諾，並包含對工作的期許和展

望。

（四）專業倫理：教保服務人員要有崇高的專業道德，並應遵守幼教工作的倫理規範

1. 專業倫理＋職業道德＝專業規範。
2. 幼童機構的專業規範包括：維護幼兒權利、汲取幼教新知、尊重教保自主權、熟讀相關《幼兒教育及照顧法》及「兒童及少年福利」相關法規等相關政策與法律知識。
3. 民主化領導。
4. 持續進修與研習。
5. 了解自己對幼兒的權力與影響力。
6. 應與幼兒家長、幼兒園主管進行充分溝通，以維護幼兒學習權利。
7. 謹守幼兒照顧者的分寸。

（五）專業服務：教保服務人員基於服務理念，對幼兒施以教育愛，並給予最適當的服務

1. 專業學分＋專業訓練＋專業證照＝專業服務。
2. 專業行為的表現（時間、對象、內容）。
3. 時間：每天開始至工作結束前。
4. 對象：幼兒教育工作相關的所有服務對象。
5. 內容：運用其專業知識協助處理工作事務，並維持一定的服務水準。

（六）專業成長：教保服務人員在任教生涯中不斷的進修與研究，以確保專業水準

1. 專業進修學分及學位。
2. 進修課程或考察。

3. 從各類期刊或書籍、雜誌、影片等吸收幼教新知。

4. 成立讀書會。

5. 聆聽相關演講或參加專業研習會與座談會。

6. 與其他教師相互教學觀摩。

7. 參加專業組織或團體。

第三節 ▪ 倫理觀點作為教保專業之思維脈絡

「倫理」（ethics）一詞常被人與「道德」（morality）一詞混用，用來泛指個人或群體合乎行為規範和善惡評價的行為、規範和評價的標準，以及人為了實現其善性的努力表現（沈清松，1996）。「倫理」和「道德」兩者皆指涉某種規範系統，如果嚴格加以區分，則前者偏重社會層面，後者偏重個人層面（朱建民，1996）。

「倫理」與「道德」的關係相當密切，但是兩者的意義並不相同。中國把倫理包括在道德之中，若不特指「人倫」時，道德是最常用的名詞，所以也把合乎倫理的，稱為合乎道德。西方似乎用倫理的時候較多，倫理這個名詞的出現，反而多於道德（賈馥茗，2004，頁6）。以下分別說明「倫理學」作為教保專業的思維脈絡。參酌相關的倫理論述與學者主張，從效益、正義、關懷、批判和德行倫理之觀點，並分別敘述各個倫理面向之意涵及其從事教保專業實踐時的思考觀點（馮丰儀，2007；黃柏叡，2009；蔡進雄，2008；Greenfield, 1993; Shapiro & Stefkovich, 2001; Starratt, 1991, 1994）。

一、效益倫理面向

一般說來，傳統規範倫理學理論主要被分成義務論（deontological theory）與目的論（teleological theory），目的論又稱結果論（consequentialism），主張以行為所實現的目的或結果來判斷行為之對錯。「效益論」的代表人物為 Jeremy Bentham 和 John Stuart Mill，效益論主張個人的快樂與痛苦是可以測量的，提出享樂的（hedonic）計算法來判斷行動的優劣，以苦樂的強度、長短、確定性、頻率、多寡、純度及範圍作為計算的依據，以便做合乎道德的選擇（但昭偉，2002；Pojman, 2001）。

「效益論」（theory of utilitarian）又稱「功利論或實用論」，重視效益原則及結果原則。主張行為的道德正當性以該行為能對最大多數人產生最大效益來決定，其所指的最佳結果，即是人類社會，甚至宇宙整體善的最大化（林火旺，2004）。依此，正確的道德行為是舉凡能產生最大愉悅或最小痛苦的行為，而導致最大痛苦或最小愉悅的行為則為錯誤的行為。

值得一提的是，雖然效益論「以最大多數人的最大幸福之結果」作為行動考量之單一原則，提供了個人客觀的判斷標準，但是此一「最大多數人的最大幸福」究竟如何確立則有待思考。對此，Mill 給予回應，他認為可透過資訊蒐集來彌補此一限制，而過去經驗的累積即是個人資訊蒐集的過程。換句話說，經由鑑古知今，即可指出何者才是真正的最大幸福（Rebore, 2001）。究竟個人如何得知怎樣的作為，會有助於大多數人獲得最大的幸福？還有單一行為的短期和長期效果也都應列入考量。

假如，對於面臨幼兒園重視績效，來自內、外部挑戰日增的環境，身為一名教保服務人員，效益論之考量頗符合當前對成果效益的要求，惟如何判斷最大效益，又由誰來判斷？就幼兒園組織而言，若依此一原則來思考，與「最大多數人的最大利益」最直接有關的就是整個教育機構社群的福祉：

教保服務人員從事決定時應從幼兒的福祉為依歸，若將幼兒園與家長之共同利益置於個人利益之上，致力於追求最多數者的最大幸福，追求整體效益之極大化。儘管效益論有其限制，但是其提供判斷原則，仍可作為教保服務人員之正確參考。

二、正義倫理面向

「正義倫理」（ethics of justice）係主張個人為理性、自由的個體，對於個人的權利應予以平等尊重，而個人也應履行義務，強調個人基於義務，遵守普遍、客觀律則及應用公平程序來做決定之重要性。與正義倫理有關的倫理理論主要為康德的義務論與羅爾斯（John Rawls）的正義論（馮丰儀，2007）。在此介紹康德「義務論」與羅爾斯「正義論」，茲分別簡述如下。

（一）義務論

康德的「義務論」（deontology）又稱為道德義務（obligation）、道義論和道德許可（permission），一般理性人都能知道自己應盡的義務，道德法則是客觀、獨立存在，並普遍且必然地規範每個人，儘管個人的權利值得尊重，仍應履行應遵守的義務。例如，父母親有照顧自己子女的義務，成年子女有照顧父母的義務；任何人都有遵守承諾的義務。康德提出「善意志」的概念，即個人為實現其道德義務而行動的意志，一個具有善意志的人會傾向選擇為義務而行動。行為動機決定行為的道德價值，道德上正當的行為必然出自善意志，只有為了實現義務而行動的行為方才具有道德價值，所以倫理的行為不應追求任何目的（林火旺，2004；黃藿，2002）。

其次，康德還強調個人「自律的價值」，他認為人作為一個自律人，能基於理性選擇行動法則並加以遵守，而此自我規約的原則須是普遍的法則（李奉儒，1997）。所以，他主張不論對待自己或他人都要把人當作目的來尊重，考量其福祉絕對不能將人視為完成目的的手段。此即意謂著個人憑自由意志選取行動的道德法則時，應考量此一法則是否可以放諸四海皆準，才是真正可貴的道德律（歐陽教，1996，頁45-49）。也就是說：

> 教保服務人員應本著內在良心積極從事教育和保育相關工作，而非外在的褒貶、獎懲，不邀功謀利，方能善盡自我職責為義務而行。

（二）正義論

羅爾斯（Rawls, 1971）的《正義論》（*A Theory of Justice*），是建構在純粹程序正義之上，以公平的程序定義結果的公平性，故強調「正義即公平」（justice as fairness）。自由主義的政治設計希望能在多元中包容差異，正義原則即是建立社會所有基本制度的指導原則，用來規範社會制度，決定個人的基本權利、義務，與分配社會合作的利益，能為社會成員所共同接受（林火旺，2004）。正義倫理主張個人為理性、自由的個體，對於個人的權利應予以平等尊重，而個人也應履行義務，遵守普遍、客觀律則及應用公平程序做決定。在現今強調學生受教權、教師專業自主權，以及家長的教育參與權，符合正義倫理對個人權利予以平等尊重之主張。

其次，根據羅爾斯的推論，原初立場的立約者會選擇兩個正義原則來做決定。這兩個原則分別是（石元康，1995，頁121；Rawls, 1971, pp. 60, 302）：

1. 每個人都有權利擁有最高度的自由，而且這些自由都與他人的自由相等並相容。

2. 社會和經濟不平等的安排，必須：(1) 對最不利地位的人最有利，符合正義的補救原則；(2) 所有職位和工作都需要對所有人一視同仁加以開放。以此面對近年來幼教生態轉變的趨勢：

> 教保服務人員更應重視以「人」為目的，對利害關係人的權利予以維護和尊重，並著重透過公正、公平的態度與程序排除個人利益，遵循專業律則來獲致正義的結果。

三、關懷倫理面向

由 Gilligan 在《不同的語音》（*In a Different Voice*）一書中所提出，是從女性的道德經驗發展出來的，後來則由 Noddings 指出「關懷倫理學」（ethics of care）的哲學內涵（方志華，2004；Gilligan, 1982）。他們認為女性在面臨衝突時，較不傾向做形式邏輯的推演，而著重在對情境的考量，運用人際關係的推理來獲致道德結論，故關懷倫理強調從個人的情感出發，設身處地的同理他人的立場做出不傷害彼此的抉擇（簡成熙，1998）。與正義倫理對於公正、平等、規則和規定的一致性堅持不同，但是關懷倫理並不僅限於女性，因為每個人其實都同時具備有部分的男性特質與女性特質。

Gilligan（1982）認為，關懷倫理反映了人類關係的知識，以及自我與他人是彼此相互關聯的概念。Noddings（1986, p. 4）也指出關懷是存在於關係之中的，人都有被人關懷與照顧的渴望，而此

關係同時包含了關懷者與被關懷者，特別提到：「關懷者與被關懷者雙方對於關係都是有所貢獻的，唯有考慮到這兩者，那麼這個關係才能被稱之為關懷。」Beck 與 Murphy（1994）認為：關懷，是倫理也是行動，是以他人福祉為目的的基本人類活動，而這福祉指的可能是成長、發展、滿足他人需求與慾望，或者政治或精神上的解放。其次，關懷是於存在著相互依賴關係的社群脈絡中發展，社群的建立亦是關懷的理想。

從 Noddings（1992）的觀點，依賴關係是照顧中很重要的脈絡。照顧是一種「投入」的工作，是互為感受性的主體，包括照顧者對被照顧者的愛、關心與義務，以及照顧者對照顧工作的責任、承諾與用心。長期以來，學校被視為養護型組織，教育工作被賦予母職的意涵，學校的行政人員及教師不僅擔負傳道、授業和解惑，還應負起照顧、保護學生之責，此與 Noddings 的主張——學校的首要任務在關懷我們的孩子相符。有別於威權模式的道德規範，關懷倫理提倡尊重、平等、關懷、責任與愛的人際關係，強調對人的信任、基本人權、人際關係的網絡以及對他人的責任、親密、關愛（Gilligan, 1982）。

從關懷的角度盡自身的責任：

> 　　教保服務人員應以「關懷」為核心，設身處地的去理解利害關係人的需求，確實因應被關懷者需要給予適當的關懷，以促進雙方共同成長與自我實現，致力營造一個充滿信任、支持、關懷的學習社群，讓其他組織利害關係人願意坦然表達自身的想法頗為重要。

四、批判倫理面向

「批判倫理」（the ethic of critique）立基於批判理論來發展，學者主張社會充滿了不公平與壓迫，希望透過改變社會以解放被壓迫者與不自由者（Capper, 1998）。批判倫理代表人物之一Habermas（1995）所著之《道德意識與溝通行動》，主張個人的思考與實踐都會受到所處的政治、經濟、歷史等社會時空脈絡的影響，表現出特定的想法與行動，唯有透過有關實踐問題的理性、知性的對話，對教育採取批判的觀點及重視權力關係，社會改變才得以完成（Apple, 1986）。批判論者將學校視為再製社會不平等意識型態的場域，學校教育為傳遞既有文化和權力關係等意識型態，再製支配的社會關係與利益的社會建構場所（Giroux, 1985）。因此，從學校的科層結構至教室的師生權力關係，都呈現出某種權威控制的關係。

Bottery（1992）指出，組織中權力的使用與分配必然是倫理與政治的議題，倫理是我們看待事務與對待他人的方式，而政治是組織中人們的關係以及社會中不同團體的關係。再者，批判倫理強調唯有先對不合理之處的知覺，才能開啟改變的契機。例如，張純子與洪志成（2009）於〈私立幼兒園教師情緒規則：社會建構觀點〉的研究發現：「長期以來，私立幼兒園教育工作者在組織中似乎仍是沉默的一群，扮演逆來順受、認命的角色，多抱持『現實就是如此只能接受』的心態。」因此，批判倫理的實踐除了倫理知覺之外尚須強調批判的重要性，但要小心不要淪為為批判而批判，應嘗試提出一些建設性的意見。至於批判及建設性意見之提出，則有賴教育人員的道德勇氣，此並非要求教育人員有勇於做烈士的擔當，而是希望教育人員在己身能力所及的情況下，勇於去創造一些小改變，或許可激發一些正向的漣漪效應。理性進行有意識的批

判、反省思考：

> 　　教保服務人員應知覺幼兒園機構與廣大社會脈絡的關係，
> 對己身實踐和周遭環境加以批判反省，針對不合理處，能知覺
> 到機構中的壓抑與不平等，經由相互主體性的對話過程，予以
> 解放，建立一個符合社會正義的公共場域。

五、德行倫理面向

　　「德行倫理」（eudaemonism 或 virtue ethics）以重視品德或德行的中心概念，與「我應該成為怎樣的人」有關，主張個人應透過個人本有能力的卓越化與良好人際關係，來達成幸福及至善的倫理終極目標，故又稱「幸福論」（黃藿，2002）。MacIntyre（1984）認為，從「實踐」概念來定義德行，是一種可獲得的人類品質，德行的培養和運用有助於我們獲得實踐的內在價值（internal goods）（林火旺，2004，頁 156-157）。

　　首先，德行倫理不僅與行為有關，也與情感、人格和個人的道德氣質傾向有關（Pojman, 2001）。它重視個人道德品格培養與道德實踐日常生活之中，在談論到某個人時，關注個人的「人品」先於「行為」，而人品即為德行倫理之重點。其次，德行是透過習慣養成的氣質傾向，經由實踐所獲得的。再者，學校是道德機構，教育人員被賦予培養社會未來公民道德的重要任務，道德教育的傳授必須透過言教、身教和境教三個部分。最後，德行倫理主張依中庸之道而行即是德行，所謂「中庸之道」即是不管在任何場合，情緒與行動表現都不會太過與不及，但是如何拿捏得宜實則有其困難：

> 　　教保服務人員之倫理敏感度及道德推理能力頗為重要，即對所處環境脈絡能加以了解掌握，並分辨其中的倫理議題與非倫理議題，進而從不同角度考量可能的預期結果與影響，盡量做出較為公允適當的決定。對於現今傳統的價值體系面臨對立、衝突與崩壞，隨之而來的品德教育也依據市場主義與功利思潮之論述將傳統視為畏途的社會，毋寧為暮鼓晨鐘。

　　綜合上述，本節分為效益、正義、關懷、批判與德行五個倫理面向，在此特別強調的是，這些面向並非完全截然劃分，而是存在著一些互補關係，區分這些倫理面向的用意，主要在凸顯教保服務人員從事專業實踐時不同的思考角度：

1. 「效益倫理」需要藉由「關懷倫理」來體察情境脈絡，以了解利害關係人的需求，進而依最大多數人的最大幸福之原則做出適當判斷。
2. 「正義倫理」需要藉由「批判倫理」對既有利益與權力的反省與改革來維持社會正義的理想。
3. 「關懷倫理」需要「正義倫理」來提醒對於公平性的注意，更需要藉由「批判倫理」覺知壓抑與不平等的存在，以便做出適當的關懷。
4. 「批判倫理」則需要「關懷倫理」主張對人的關懷來避免過度的批判，流於為反對而反對。
5. 正義、關懷和德行之養成，更有賴個人從事正義、關懷和批判的實踐。

第四節 ▪ 教保專業倫理的養成與發展

　　從事教保工作除了必須接受專業知識訓練，理解幼兒各方面發展的狀況與需求，它更是一份良心且道德的事業。汪慧玲與沈佳生（2007）指出，若教保專業知能少了「倫理」，很容易導致教保服務人員為所欲為，沒有顧及到行為背後可能帶給幼兒的影響。以下，先從認識專業倫理內涵開始，再進一步理解幼兒教育機構的教學倫理、工作倫理、保育倫理與行政倫理，涉及角色、觀點與立場的不同，並可能衍生出不同的行為模式。

一、專業倫理之內涵

　　「倫理」（ethic）的英文意涵是某種職業的規矩，它包含道德規範及職業應遵守的規範（周瑞良、張美華，2021）。教師教導學生應以學生可接受的方式來完成教育目標，且任何方法均不可傷害或危及幼兒權益，運用一些原則去確認與驗證個體在需要選擇的情境下所做的正當行為。因為人類在生活上常需面臨許多特殊的、複雜的情況，去表現辨別對或錯的行為素養以合乎倫理規範，使得在社會團體中個人與個人之間能和諧且有秩序的運作；故倫理的建立非常有其必要性（蔡淑桂，2006）。

　　「專業倫理」（profession ethics）所涵蓋的規範是特別針對某一專業領域中的人員，諸如教師、醫師、護理師、記者、工程師、律師、法官等；它是專業團體用來規範與專業服務有密切關係的行為，保護被服務者權利並解釋含混與兩難事例的道德倫理規範；簡言之就是「各種專門行業的行規」（莊道明，1996）。就專業倫理的意涵與功能而言，「不僅是一種原則，也是一種實踐」。係一種由專業團體所建立的職業規範，內容主要強調專業人員應有的自律

及社會責任。隨著時代的變遷，各行各業的發展愈趨精緻化、專業化，專業倫理問題已受到社會各界相當程度的重視。

　　教保工作服務對象的特殊性，其專業倫理更顯得格外重要。幼兒教育專業倫理規範，主要是針對教保專業人員所訂的工作行為標準。規範當中將會明列所有工作中應盡的義務、責任以及可被接受、允許的言行準則，所以這種規範可以稱是一種角色性的道德規範，而非一般性的道德規範（莊道明，1996）。如同身為我國教保服務人員在使用「教保專業倫理」，依據「中華幼兒教育改革研究會」之「幼兒教育專業倫理守則」時，所應遵守的職業道德與倫理守則為包括對幼兒、對家長、對上司與同事以及對社區和社會的責任時，宜具備的專業規範。

二、教學倫理

　　「教學倫理」（teaching ethics）意指教師在教學過程中，存在於專業角色、專業決定及專業行為之有關正當與否及對錯的道德判斷議題。其重點在於教師在師生互動過程中，能妥善安排與學生相處之社會關係，針對所作所為進行倫理判斷，透過審視何者為對、何者符合「學生利益最大化」的根本考量來責成倫理決定，並以不傷害學生及關注學生福祉與發展作為教師教學行動之引導（許淑玫，2006）。

　　倫理上的義務很明確，必須做與不可以做的行為很清楚地明列在守則上。而教保服務人員須知道在教學上不可只依自己的專業認知去執行，因還要考量可能面臨市場需求（家長的要求），此時教保服務人員亦會陷入專業倫理的窘況，這樣的現象在整個幼教生態當中經常出現（武藍蕙，2004）。依照教學倫理不同面向以建立倫理原則：

1. 以公義、良善為基本信念，傳授學生知識，培養其健全人格、民主素養及獨立思考能力。
2. 維護幼童學習權益，以公正、平等的態度對待，盡自己的專業知能教導每一位幼童。
3. 主動關心並與家長做好溝通聯繫。
4. 熟悉學前保育及教育的知識，並透過持續的進修獲得新知。
5. 以身作則，遵守法令與規則，維護社會公平正義，倡導良善社會風氣，關心園務發展及社會公共事務（蔡進雄，2008）。
6. 尊重幼童權利與獨特性，善盡照顧與保護之責，提供適性發展之教保方案。
7. 應知道早期療育系統運作過程，能及早發現、通報、轉介及給予相關協助。
8. 做到保密及尊重家庭隱私權。
9. 和同事之間建立並維持互相尊重、信任、保密及合作的關係。
10. 提供社區高品質的學前保育及教育課程和服務。
11. 熟悉課程中可以保護幼童的法令。
12. 不要拒絕家庭成員進入幼童的教室，或進行課程的場所（Feeney & Freeman, 2005/2011）。

三、工作倫理

「工作倫理」意指員工在組織中對職權行為和人際互動的價值判斷，包括個體的態度和價值觀以及反映這些態度和價值觀的外在行為。廣義而言，工作倫理應包括主僕關係及職業倫理兩部分。前者是討論工作環境中的人際關係，特別是主管與部屬之間的互動關係；後者則探討職業觀、職業道德、工作態度等問題。

　　教育部（2012）針對幼兒園教保服務人員在進行教保專業服務時，亟需建構一套共同遵守的依循原則，以此相互勉勵及督促，以強化教保專業地位並在專業服務對象心中建立專業形象及信任。依《教保服務人員條例》第 23 條之內容載明：「各級主管機關應協助教保服務人員成立各級教保服務人員組織，協助其訂定工作倫理守則，並宣導、鼓勵教保服務人員依工會法組織及參與工會。」

　　幼兒園教保服務人員工作倫理守則，主要適用之對象包括參與教保服務人員組織之相關人員，將其面對之對象及專業關係歸納為三項：服務倫理（對幼兒及其家庭）、組織倫理（對同事、機構及部屬）及社會倫理（對專業及社會），提出幼兒園教保工作人員工作倫理的四個核心價值：尊重接納、公平正義、負責誠信、關懷合作。

（一）尊重接納

　　尊重個人權利及個別差異，接納個人在個性、觀點、經驗、文化及需求的不同。

（二）公平正義

　　在幼兒的最佳利益原則下，秉持公正客觀的態度，維護個人的權益，一視同仁，提供每個人品質均等的機會，不歧視、不偏心。

（三）負責誠信

　　誠信正直，自尊互敬，篤實負責，力求專業精進。

（四）關懷合作

　　關懷他人、包容合作、和諧互助，共同促進融合及發展。

　　以上三大面向與四大核心價值，共計 12 項目，38 條倫理，可參閱本書附錄一「幼兒園教保服務人員工作倫理守則參考資料」。

四、保育倫理

「保育」的定義是一種替代的照顧方式，是提供一個補充親職角色功能不足的成長與發展環境。除了提供日常生活照顧、衛生督導及完成幼兒發展所需各種經驗的供給，以培養兒童生理、情緒、智能及社會發展各方面的潛能。

保育服務是推動幼童發展的力量，有時教保服務人員由於立場與角色的不同，常會產生觀點與實際做法上的差異，也可能造成不必要的誤會。因此，在複雜的保育人際關係脈絡網中，有一種明確易懂的行為與處事規則讓大家有所依循，其實是有必要的作為規範建立保育的倫理原則：

1. 不要傷害幼兒，不要對幼兒做出精神上和生理上的傷害，不應有不尊重、剝削或脅迫利誘的行為。
2. 不可對幼兒疏於照顧，應一視同仁，細心照料，以維繫安全。
3. 不要預期幼兒能完成危險之動作，必須隨時教導，以促進生活能力之提升。
4. 應善盡職責，使幼兒食衣住行在校期間有妥善安排。
5. 應鼓勵家長參與親職教育，以提升育兒之專業技巧。

五、行政倫理

教育行政牽涉多面向利害關係人間的互動，軟、硬體有限資源的爭搶，以及個人價值信念的順序先後。教育行政與領導者所面對的倫理兩難，顯然已非單純「對」和「錯」的輕易選擇，而是在「對」跟「對」之間的痛苦抉擇（Beck & Murphy, 1994; Cooper, 1998; Cranston et al., 2006）。教育行政實務即是不停地在做決定，

因為現實的決定後果總是無法雨露均霑，必須在特定族群或標的團體間有所取捨，教育行政與領導者無論做何決定，還是得面對倫理兩難的嚴厲考驗以及道德良心的最終檢驗（陳成宏，2011）。

教育行政倫理兩難並非單一現象，其影響因素乃涉及不同層次和不同面向（Preston & Samford, 2002）。學者許慶泉（2006，頁56）整理出對於學校行政人員倫理決定影響因素的三層架構：

1. 個人因素：個人認知道德發展、在組織中的角色、服務年資與經驗、功利主義取向。
2. 群體因素：高層管理者的承諾或參照他人、同儕。
3. 組織因素：乃指組織政策與倫理守則、倫理工作氣氛與組織科層化程度。

教育行政倫理是倫理概念與教育行政學概念的結合，行政人員在運作過程中融入倫理的考量，使行政作為或決定能依循倫理規範與原則，表現出正確而正當的行為，並積極盡責且追求創新為學生謀取最大的利益，以促進教育目標的達成（蔡進雄，2004）。學前教育行政人員應表現清廉、正直、誠實等特質以贏得大眾對行政人員的信賴與尊重。以下為行政倫理原則（吳清山、黃旭鈞，1999）之參考：

1. 面對利益衝突與價值選擇情境下，仍應秉持公平正義原則。
2. 妥善應用道德權威，並與成員發展合作關係，避免利用職權獲取個人利益。
3. 能自尊自重，保守業務上的機密，並尊重組織成員的專業自主權。
4. 要有責任批判不合理的教育現象，並提出改進之道，重視研究發展，營造專業成長氣氛。
5. 了解教保相關法令並守法。
6. 不斷增進專業知能，並以幼童福祉為最大考量。

行政倫理道德常會在工作上經歷，要能將狀況處理得雙贏，除

了需要幼兒園組織內多方配合，行政人員更須有行政領導理念才能在工作崗位上扮演好（計畫→執行→考核）角色。以幼教行政體系而言，幼兒園主管的領導風格及理念風氣對教育機構的品質好壞具有決定性的影響，園長如同公司企業體中的最高領導者、管理者。因此，理想上若能讓機構內的所有成員有著共同的理念，帶動團隊合作的風氣，將形塑強有力的支持系統，提高工作效率。

六、倫理養成與發展的因素

「專業倫理」能喚起相關人員的精神，也能確保教保服務人員的道德品質。教保服務人員必須擁有自主性來實現其專業，而倫理則是確保及平衡專業團體自我規範與自主性的基本要素，以免忽略或犧牲幼童的基本受教權。本段與上述的文獻探討多所呼應（吳偉琦，2007；許慶泉，2006；Cranston et al., 2006），顯示教保專業倫理養成與個人成長、在職服務環境與整體外部環境三個層面有關。

（一）個人成長

1. 個人特質與信念

「個人特質」是指每個人有其獨特的行為模式、經驗、期望、目標與價值觀。例如：凡從有心以從事幼教工作為職志的人，會以守護與爭取「幼兒快樂又豐富的童年」為最高倫理決策，即使違反個人利益，為了幼兒也仍是甜蜜的「負擔」或「犧牲」，它帶給教保服務人員精神上的安慰與愉悅（蔡淑桂，2006）。換言之，看著幼兒的成長，他們的天真和率真足以讓有志於從事教保工作者得到最大的享受與成就。

2. 職前養成教育

(1) 專業課程學習

對於有志從事幼兒教育工作者,於就讀大專院校幼教(保)育相關科系期間,學生的「教保專業倫理」信念可能受到教師身教、言教與境教三方面的影響。

學校教師於日常生活包括課堂授課與生活輔導。唐代文人韓愈有云:「師者,所以傳道、授業、解惑也」,教師角色之所以專業乃是教師不但必須就學生的疑惑、困難加以釋惑、開解,再者,「傳道」意指教師必須教導學生做人處事的道理,促進道德推理的能力以增進德行層次。

(2) 教保實習經驗

在「成為教保服務人員」歷程中,實習一向被認為是師資培育過程中最有價值的學習經驗。所以實習輔導教師是「師傅」(mentor),被賦予扮演著示範、支持者、鼓勵者、諮詢者和照顧者角色(張純子,2010a)。因此,教師的言談、行為舉止都具有影響學生倫理信念的建立。如同 Richardson 研究提到:「教師的信念和行動是互動的,信念驅策著行動,而教師的經驗和行動的反省,會導致信念的增加或改變。」(張宜芳,2003)如此顯示學生專業倫理的磐石與根基,植基於教師的教學行動與師生互動上,所建造的教學信念亦是較無法動搖的。

張純子(2015)研究發現,教保服務人員之專業倫理信念,於專業養成教育期間可能受到教師身教、言教與境教的影響。建議在執行「幼兒園教保實習」計畫時,應融入「教保倫理」議題,並配合班級經營實務教學的討論,使其培養幼教保學生道德倫理意識,學習檢視自我所抱持的信念,有助於未來職場環境教保專業倫理之實踐。

（二）在職服務環境

當學生受過學校之專業倫理課程養成後，進入幼兒教保機構服務，理應展現一般職業倫理外，更該充分發揮「如何教育幼兒」的專業倫理（蔡淑桂，2006）。亦即在職服務環境可促進倫理發展的方向有三種面向：

1. 在職進修是促進「倫理發展」的動力

「在職進修」可分為提升學歷及研習吸取教保新知。教保服務人員在每一個專業成長階段，亦是促進持續於幼教工作的主要動力。張純子（2010b）從〈二位公私立幼稚園教師專業發展之傳記史探究〉發現，儘管是身處於安逸環境的公立幼兒園教師，仍不斷尋找在職學習尋求進步的空間。由於私立幼兒園教師發展歷程受到長久存在公私立異質化生態環境的結構性問題，導致成長空間有限，卻也積極尋找其吸取教保新知、提升專業素養之可能性。因此，增進在職環境進修機會，可幫助每位教育工作者在面對倫理兩難處境與抉擇時，能堅定幼兒教育工作信念，誓守教育倫理。

2. 自我反思與領悟

張純子（2009）〈一位幼兒教師生涯發展——敘說研究〉發現，資深私立幼兒園教師多年來身處幼教生態的深刻體會是：

對於幼教的今昔有許多感慨，幼教生態固然這十多年來有許多的變動，但是身為幼兒教師的職責仍然還是一樣，只要是認為是正確教育信念就該堅持下去，因為我們都在面對的是一個不確定性。

他們對於實現理想的「專業幼兒教育」有時仍有些「模糊感」，因為它不只是一種理想，而是要靠一些力量，其中有幼兒、

家長、教師、組織；更希冀需要大環境的幼教政策、領域專家們所共同建構與支持。

3. 幼兒園組織文化

依規範面而言，組織文化可視為一種組織權力運作所塑造的生活方式（江岷欽，1993）。私立幼兒園組織內部的主從階級關係明確，園長是所有權力中心，園長權力來自園方授權的正式權力，考核權是一個重要基礎。例如：公私立幼兒園組織文化的研究發現，親師關係的對應傾向把老師當成服務人員，多數家長有時強勢介入課程與教學規劃（丁雪茵，2003）。組織的權力結構，由於個人自我生存的關注與壓力，私立幼兒園教師心裡總是戰戰兢兢，生怕又得罪了誰或觸犯學校規範，即使內心不滿，在面對兩難情境衝突時多選擇迴避或妥協狀況（張純子、洪志成，2009）。

在丁雪茵（2003）的研究中指出，公私立幼兒園在組織結構與制度、所要面對的外在環境、內部整合問題，以及園長角色等方面，確實都有顯著差異。丁雪茵（2012）的研究中也指出，公幼中的同僚關係重於上下官僚階級關係，同事之間主要以「平等」為原則，大家都一樣。

李新民（2003）、陳佩汝（2002）研究卻指出，幼兒教師對工作滿意之主要理由，以同事支持、幼兒天真無邪的回饋與教學樂趣，讓教師繼續執著於幼教職場。因此，如何在專業倫理教育過程發現「教師主體的力量」？引用方永泉所譯《受壓迫者教育學》（Freire, 2000/2003）一書中提及，鼓勵受壓迫者發展批判意識去面質事實及真相，以自己的方式去命名或解讀這個世界。

倫理學首要任務在對個人與人群的行為，進行反省、分析、評價與發展道德規範，不僅探索道德思想合理性也探索行為正當性。理想的倫理教育，「始之於自覺，終之於自得」，旨在喚起倫理行動者自發而樂於行動的意志，誠敬的待人接物與任何事。真正的倫

理教育不能只重倫理知識的傳授，也非被要求或要求別人遵行倫理教條卻不明所以，而是要能激動人的內心，並傳之充塞昂揚的行動意志，即知即行，即行即知（王立文等人，2005，頁31-32）。

（三）整體外部環境

台灣是全球先進國家中「少子女化」速度最快的國家之一。以台灣目前的情況，婦女生育率只有0.98%，全國總生育率只有8.7%，新生入學人數逐年降低，到2022年更降至20萬人以下，顯現台灣少子女化的問題相當嚴重。國內幼兒教育必須面對此一事實，如何轉而在質的方面力求精進，才是國內幼兒教育永續發展的新契機。

為因應「少子女化」外部環境而來的機會與威脅，指陳的是幼兒教育工作的托育服務，除了是進一步延伸出更多附加價值或加值服務的市場空間之外，更應該朝向另一種思維，藉由倫理關係的建立設定短中長程目標，透過建立課程特色、形塑學習型組織文化、有效的組織領導與溝通，以及結合家庭與社區資源；也能兼顧教保服務人員心理層面，給予適時的鼓勵與協助，引發對於課程專業自主的信心，促使教保服務人員專業能力的形成。是以，用心經營當是幼教業者生存的不二法門，畢竟保育、教育的照顧產業，隱含的是出自於內心所散發出來的人性關懷（王順民，2008）。

▌結語▌

任何工作都應以合乎倫理的方式進行，亦即都應符合倫理規則。首先，對於教育專業領域而言，幼兒教育工作是一項具有豐富內涵，複雜而專精分化的知識基礎；其次，需要教保專業成員終身持續不停地追求成長。也就是說，教保服務人員需終身持續不停地追求專業能力成長及專業地位的建立。是以，當教保服務人員在追

求專業成長及地位建立過程，需要了解其專業倫理為何，方能提升自己的專業精神及專業態度。因此，透過教保專業倫理或準則規範教保服務人員的行為與決策，將可強化教保服務人員的自律與負責行為，以提升幼兒教育情境與學習過程中的保障。

近年來，隨著幼兒教保需求的增加，有關幼兒教育與保育已逐漸成為一專門的學術領域，此學術領域將發展重點定位於專業教保服務人員的養成、高品質教保環境的塑造，以及教保學術內涵的擴充等，其旨終在提供幼兒良善的生長機會。對於任何認真看待幼兒教保工作之人，都應肯定教保專業倫理的重要性，幼兒教育工作是一種道德活動，也是一種倫理活動。因此，當教保服務人員在從事幼兒教保工作時，實在不容忽視幼兒保育工作的專業倫理。倘若，機構成員在從事工作忽視專業倫理時，將使得教保工作失去其意義性與價值性。

▌問題與討論▌

1. 請說明服務於幼童機構「教保服務人員」所應具備的專業資格為何。

2. 請依據 Feeney 與 Freeman（2005）以及 Katz（1985）提出「專業」重要的特徵來論述目前台灣「幼兒教保工作」的「專業」定義。

3. 請分別說明「效益論、義務論、正義論、批判理論、關懷倫理及德行倫理」等主張與概念。並選擇一種倫理理論與幼兒園事件做結合並討論分析之。

4. 我國針對幼兒園教保服務人員在進行教保專業服務時所訂的工作倫理為何？從四個核心價值舉例說明之。

5. 學習完本章後，請找一位現職教保服務人員，從訪談內容探討其「倫理養成與發展」的脈絡因素為何。

▌參考文獻▌

中文部分

丁雪茵（2003）。幼稚園組織文化個案研究（II）。國科會專案補助計畫（NSC90-2413-H-134-016）。新竹師範學院幼兒教育學系。

丁雪茵（2012）。**組織文化與幼稚園課程變革之輔導歷程：一所公立幼稚園之長期個案研究（第二年）**。國科會專案補助計畫（NSC98-2410-H-134-006-MY2）。清華大學幼兒教育學系。

方志華（2004）。關懷情意的實踐觀點與故事流傳──從師資培育德育原理課程到中小學德育實踐。**課程與教學季刊，7**（3），75-88。

王立文、孫長祥、仲崇親（2005）。**倫理與通識**。文史哲。

王順民（2008 年 7 月 16 日）。少子化與幼兒園的生存危機。國家政策研究基金會「國政評論」。http://www.npf.org.tw/post/1/4443

王靜珠（2005）。淺談幼保人員的托育服務意義及專業責任倫理的認知。載於亞洲大學舉辦之「**第二屆健康的幼兒教育學術研討會**」論文集（頁 97-109），台中。

石元康（1995）。**當代自由主義理論**。聯經。

朱建民（1996）。專業倫理教育的理論與實踐。**通識教育季刊，2**（3），33-56。

江岷欽（1993）。**組織分析**。五南。

但昭偉（2002）。**重讀彌爾的效益論**。學富文化。

吳偉琦（2007）。台南地區私立大學校院行政人員職場壓力對工作活力影響之評估──以情緒智力為調節變項〔未出版之碩士論

文〕。南台科技大學技職教育與人力資源發展研究所。

吳清山（1998）。**教師專業倫理內涵之建構**。國科會專案補助計畫
　　（NSC87-2413-H-133-006）。台北市立師範學院。

吳清山、黃旭鈞（1999）。「教育行政人員專業倫理準則」之建
　　構。**理論與政策，13**（2），37-55。

李奉儒（1997）。自由與理性的正反論題：道德自律與道德教育的
　　探究。**暨南大學學報，1**（1），265-283。

李新民（2003）。幼兒教師薪資滿足感、工作壓力與工作滿足感之
　　研究。**教育研究，110**，115-126。

汪慧玲、沈佳生（2007）。幼兒教師專業倫理實踐之研究。**幼兒保
　　育學刊，5**，59-74。

沈清松（1996）。倫理學理論與專業倫理教育。**通識教育季刊，3**
　　（2），33-56。

林火旺（2004）。**倫理學**。五南。

周瑞良、張美華（2021）。教師專業倫理重要觀念及實施建議。**雲
　　嘉特教，34**，1-8。

武藍蕙（2004）。**幼兒教保專業倫理**。群英。

姜添輝（2000）。論教師專業意識、社會控制與保守文化。**教育與
　　社會研究**，創刊號，1-24。

范亞梵（1995）。**師資培育多元化與教師品管之研究**。師大書苑。

張宜芳（2003）。**教學信念和教學困擾——二位初任教師的個案
　　研究**〔未出版之碩士論文〕。國立屏東師範學院國民教育研究
　　所。

張純子（2009）。一位幼兒教師生涯發展——敘說研究。**國立屏東
　　科技大學人文社會科學研究，3**（3），20-41。

張純子（2010a）。**幼教工作者專業認同歷程之研究**〔未出版之博
　　士論文〕。國立中正大學教育學研究所。

張純子（2010b）。二位公私立幼稚園教師專業發展之傳記史探

究。幼兒保育學刊，**8**，1-22。

張純子（2015）。幼兒園教保專業倫理信念及其班級經營實踐之研究。**教育學誌，33**，125-171。

張純子、洪志成（2009）。私立幼兒園教師情緒規則：社會建構觀點。**台中教育大學學報，23**（2），91-115。

莊道明（1996）。**圖書館專業倫理**。文華圖書館管理資訊。

許淑玫（2006）。**國民小學教師教學倫理守則建構之研究**〔未出版之博士論文〕。國立台灣師範大學教育學系。

許慶泉（2006）。**國民小學學校行政人員倫理困境與倫理決定之個案研究**〔未出版之碩士論文〕。國立台中教育大學國民教育研究所。

陳成宏（2011）。私立大學系主任倫理兩難之研究。**教育行政論壇，2**（3），61-88。

陳佩汝（2002）。台北地區托兒所保育人員工作壓力與工作滿意度之研究〔未出版之碩士論文〕。國立台灣師範大學家政教育研究所。

教育部（2012）。**幼兒園教保服務人員工作倫理守則參考資料總說明**。https://www.ece.moe.edu.tw/ch/filelist/.galleries/filelist-files/201406.pdf

馮丰儀（2007）。學校行政倫理理論內涵及實踐之探究。**教育研究與發展期刊，3**（3），219-248。

黃柏叡（2009）。**教育行政倫理**。心理。

黃藿（2002）。道德教育的哲學基礎。載於黃藿、簡成熙（主編），**教育專業倫理**（頁233-267）。五南。

楊國賜（1985）。教育專業精神之內涵與策進。**台灣教育，417**，2-5。

賈馥茗（2004）。**教育倫理學**。五南。

歐陽教（1996）。**德育原理**（修訂五版）。文景。

蔡淑桂（2006）。幼兒保育專業倫理。永大書局。

蔡進雄（2004）。論如何建立學校行政倫理。公教資訊，**8**（1），
1-10。

蔡進雄（2008）。論校長如何展現倫理領導。人文及社會學科教學
通訊，**14**（1），25-36。

簡成熙（1998）。正義倫理與關懷倫理的論辯：女性倫理學的積極
意義。國立教育資料館教育資料集刊，**250**，169-184。

蘇永明（2002）。市場導向下教師工作的倫理動機。學生輔導雙月
刊，**82**，40-49。

Bredekamp, S., & Copple, C.（編）（2000）。幼教綠皮書——符合
孩子身心發展的專業幼教〔洪毓瑛譯〕。和英。（原著出版
年：1986）

Feeney, S., & Freeman, N.（2011）。幼兒教保專業倫理（**I**）——
從 **NAEYC** 倫理守則探討〔卓美芳、朱佳倫、沈文鈺譯〕。
華騰。（原著出版年：2005）

Freire, P.（2003）。受壓迫者教育學〔方永泉譯〕。巨流。（原著
出版年：2000）

Katz, L. G.（2002）。與幼教大師對談——邁向專業成長之路〔廖
鳳瑞譯〕。信誼。（原著出版年：1995）

英文部分

Apple, M. W. (1986). *Teachers & texts: A political economy of class &
gender relations in education.* Routedge Kegan Paul.

Beck, L. G., & Murphy, J. (1994). *Ethics in educational leadership
programs: An expanding role.* Corwin Press.

Bottery, M. (1992). *The ethics of educational management: Personal,
social and political perspectives on school organization.* Cassell.

Capper, C. A. (1998). Critically oriented and postmodern perspectives:

Sorting out the differences and applications for practice. *Educational Administration Quarterly, 34*(3), 354-379.

Cooper, T. L. (1998). *The responsible administrator: An approach to ethics for the administrative role.* Jossey-Bass.

Cranston, N., Ehrich, L. C., & Kimber, M. (2006). Ethical dilemmas: The "bread and butter" of educational leaders' lives. *Journal of Educational Administration, 44*(2), 106-121.

Feeney, S., & Freeman, N. (2005). *Ethics and the early childhood educator: Using the NAEYC code.* NAEYC.

Gilligan, C. (1982). *In a different voice: Psychological theory and women's development.* Harvard University Press.

Giroux, H. A. (1985). Critical pedagogy, cultural politics and the discourse of experience. *Journal of Education, 167*(2), 22-41.

Greenfield, W. D. (1993). Articulating values and ethics in administrator preparation. In C. A. Capper (Ed.), *Educational administration in a pluralistic society* (pp. 267-287). State University of New York Press.

Habermas, J. (1995). *Moral consciousness and communicative action* (C. Lenhardt & S. W. Nicholsen, Trans.). MIT Press. (Original work published 1990)

Hargreaves, A. (2000). Four ages of professionalism and professional learning. *Teachers and Teaching: History and Practice, 6*(2), 151-182.

Katz, L. G. (1985). *The nature of professions: Where is early childhood education?* University of Illinois. (ERIC Document Reporoduction Service No. ED367477)

Katz, L. G. (1989). Developmental stages of preschool teachers. *The Elementary School Journal, 73*(1), 50-54.

MacIntyre, A. (1984). *After virtue: A study in moral theory* (2nd ed.). University of Notre Dame Press.

NAEYC (1994). NAEYC Position statement: A conceptual framework for early childhood professional development. *Young Children, 49* (3), 68-77.

Noddings, N. (1986). *Caring, a feminine approach to ethics and moral education.* University of California Press.

Noddings, N. (1992). *The challenge to care in schools: An alternative approach to education.* Teachers College, Columbia University.

Pojman, L. P. (2001). *Ethics: Discovering right and wrong* (4th ed.). Wadsworth.

Preston, N., & Samford, C. (2002). *Encouraging ethics and challenging corruption.* The Federation Press.

Rawls, J. (1971). *A theory of justice.* Harvard University Press.

Rebore, R. W. (2001). *The ethics of educational leadership.* Merrill Prentice Hall.

Shapiro, J. P., & Stefkovich, J. A. (2001). *Ethical leadership and decision making in education: Applying theoretical perspectives to complex dilemmas.* Lawrence Erlbaum Associates.

Starratt, R. J. (1991). Building an ethical school: A theory for practice in educational leadership. *Educational Administration Quarterly, 27*(2), 185-202.

Starratt, R. J. (1994). *Building an ethical school.* Falmer Press.

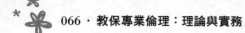

CHAPTER **3**

教保專業倫理的形成、維持與變遷

　　每一個專業團體都是由多數人共同組成的社會系統,有許多涉及人際互動及社會角色扮演的倫理問題,這些問題的各種判斷和主張都是長期醞釀演變而成,其形成與個人或專業團體的發展背景脈絡有所連結。

　　本章分為四節次,首先談論「專業倫理的形成」,需經過一段相當的共存時間,發展出相當程度的共識後,專業倫理才有逐漸形成的可能。其二,探討專業倫理的維持,維持倫理的社會機制具有「社會集體的壓力」及「社會規範的內化」。其三,專業倫理對於專業人員而言是一種限制作為的體制,並在這些限制下尋求其發展的可能與機會;同時,專業人員也會透過各種方式影響甚至主導「專業倫理的變遷」。最後,討論教保專業倫理的培養歷程所面臨的挑戰和困境,與實踐專業倫理的可行途徑。

第一節 ▪ 專業倫理的形成

「專業倫理」係由一種專業團體所建立的職業專業倫理規範，其內容主要是強調專業人員應有的自律及社會責任。每一個專業團體都是由多數人共同組成的社會系統，其中存在著許多涉及人際互動及社會角色扮演的待決倫理問題，以及解決這些問題的各種判斷和主張，都是長期醞釀演變而成，其形成與專業團體本身的發展背景息息相關，有其脈絡可循（曾火城，2009）。

「倫理的形成」有兩項基本的社會條件，其一是社會共識，其二則是長期的社會演化歷程。社會共識之所以會是形成倫理的必要社會條件，乃基於人類希望得到他人的認同（Festinger, 1954），以及與生俱來的「溫馴」（docility）（Simon, 1991, p. 35）等基本人性。由於希望得到他人的認同，社會共識所提供的行為準則才能對人們的實際行為產生規範作用。然而，社會共識又是如何形成的呢？是有賴長期的社會演化歷程。由於倫理所規範的是人際的互動行為與群己關係，因此一個特定「社會經濟脈絡」（social-economic context）的歷史演化背景是倫理形成的重要因素。

所謂「社會經濟脈絡」，有其時間序列上的橫斷面與縱貫面。前者指的是在一特定時間點上，社會系統中所存在的各種涉及人際互動的待決議題；後者指的則是這些議題的源起背景，以及基於這些不同的歷史背景所形成的不同價值判斷與主張。而在倫理的形成過程裡，社會演化歷程則具有產生議題的作用，並且提供一個時空，使得不同價值判斷或主張能夠由相互抗衡到融合（葉匡時，2000）。

根據前述的探討，教保專業倫理的形成要件亦不外乎在於專業社群（例如：美國 NAEYC 教保團體、中華幼兒教育改革研究會）的長期演化歷程，及在此演化歷程中所凝聚出的社會共識。唯有當

一個專業社群逐漸形成,並且經過一段相當的共存時間而發展出相當程度的共識後,所謂專業倫理才有逐漸形成的可能;也由於歷史、文化、政治背景不同,使得專業社群衍生出不同的共識。

目前我國幼教專業團體均完成建構「專業倫理守則」,藉以規範專業的行為,這是相當可喜的現象。因此,專業團體若欲維繫專業倫理的預期效能,除了一方面需經由個人的內化與實踐才能發揮它應有的功能,更要透過教育與社會化歷程積極培養教保服務人員專業知能,強化個人對專業倫理內化程度,俾能體會專業倫理的價值與意義,並將引導出適當的倫理行為。另一方面,則須利用外在的社會壓力,對違背專業倫理規範者依情節輕重施予適當懲罰。諸如:批評、排拒、罰款、記過、移送法辦等,專業倫理才能發揮它應有的功能(曾火城,2009)。

第二節 ▪ 專業倫理的維持

倫理的建立,可以定義人際間互動的義務與期待關係(Coleman, 1988)。以教育人員而言,在過年過節時,家長送禮給教師若被視為一種義務,家長盡了此一義務後就會期待教師特別善待和關注自己的孩子。但是,反過來看,我們也可以說教師有善待學生的義務,但到了年節時則會有期待收到家長送禮。人際的義務與期待本有交換互惠(reciprocity)之意,但當兩造之間的義務與期待未能相互對應時,人際之間的不確定性與潛在衝突就可能升高,社會環境將趨於不穩定。倫理的維繫使得這些義務與期待能夠相互對應與實現,達到前述維持社會秩序的功能。維持倫理的社會機制具有「社會集體的壓力」及「社會規範的內化」二者:

一、社會集體的壓力

前面曾經論及，人的本性是溫馴的，希望被認同的。因此，當一個人違背了倫理而不被社會大眾認同時，這就是對他的懲罰。「社會集體的壓力」的意思是：社會共識的程度以及悖倫者，無法能夠脫離原先社會系統而繼續生存的可能。社會共識的程度愈高，悖倫行為所要承受的社會集體壓力就愈大。雖然時隔很多年，但是以下這個例子當時令台灣社會大眾相當震驚，身為教保服務人員都應該深深引以為鑑：

娃娃車悶死幼兒事件

2005 年 9 月 20 日，早晨娃娃車隨車人員去接八位幼兒，到托兒所下車時，由於隨車人員的疏忽，僅只有七位幼兒下車，導致一位活潑可愛的三歲陳童活活被悶死在娃娃車中，遭高溫炙熱悶斃，直到下午放學才被發現。警方發現陳童應該不是意外身亡後，立即調閱托兒所當天上午的錄影畫面，確認當天有八名幼童搭娃娃車，卻僅有七名幼童下車的情況，且發現畫面中始終沒有陳童出現，所方疏失情況也逐漸明朗。

資料來源：王靜珠（2005）。

若單就法律層面而言，對於所長、隨車人員與司機因業務過失必須負起刑事責任等問題之外；在既有倫理體系中，該事件也已導致托兒所全體教職員無法承受社會集體道德良心的譴責壓力，終究無法逃脫機構關閉歇業的命運。

倘若，社會大眾只是口誅筆伐而沒有實際行動，懲罰的效力或

許有限且並無一定的共識。於是，教育人員進行這些工作後，所招致的社會壓力便得以減輕，甚至獲得實質的維護與支持。反之，如果在一個社會中多數人講求專業倫理道德和法律層面，絕大多數的人對此皆持憤怒、苛責的態度，那麼來自社會集體的壓力便非常龐大，甚至導致事件當事人心中留下無法彌補的罪惡陰影。

以上述「娃娃車悶死幼兒事件」為例，成為一位教師的歷程中，從職前養成訓練到實際擔任教師而接受教師角色的任務，教師專業知識、專業規範和專業倫理的諸多面向，最常見於新手教師從漸漸接納教師被賦與的「角色」，會依周遭期望和限制行事，以及從工作場域中的傳統、矛盾、衝突裡調適並接受這些職場的文化（Reynolds, 1996）。因此，若在疏忽陋習的環境中，即使有倫理守則，同仁之間仍可能慣於我行我素。

如同 Reynolds（1996）研究發現，新手教師面臨的職場是以教育心理學為主要架構，這種架構下的語言都是繞著知識客觀中立的信念、行為控制和教師的客觀性，於是在這時候的新手老師開始充滿困惑和衝突，並質疑自己以前當學生時所抱持的信念。尤其，讓新手老師質疑與困惑的是學校的倫理兩難，必須要努力跟環境協商，通常協商的結果會因人而異；有的因此順服接受給定的角色，而有的教師則對角色規範產生衝突。

二、社會規範的內化

經由社會壓力或專業團體的紀律監督，才足以維持之倫理道德，屬於「他律」，已經違反了專業「自律」的本質（朱建民，1996）。透過教育或社會化的過程，將倫理規約內化至人們的思維與習慣中，才能維持倫理的本質（Elster, 1989），其重要性不可忽視。事實上，任何社會的基本教育內容都包括有該社會的倫理規範。內化後的倫理，會使得人們對於某些行為在不假思索之下卻仍

能合乎倫理的要求，即所謂「從心所欲，不逾矩」。或者，在有某一違背倫理的行為或意念時就有罪惡的感覺，此一罪惡感就是一種懲罰。因此，與社會集體壓力不同的是，此種「懲罰」是「悖倫者加諸於自己身上的」，而前述的「懲罰」則是「外在的其他社會實體所給予的」。

然而，社會規範的內化對於倫理維繫能發揮多少效果，亦受到此因素的影響，也就是說，內化的深度是否反映在同一行為上，適用在不同倫理規範的衝突。就內化深度而言，由於人是自利理性的，因此任何倫理規約總要面臨自利計算的挑戰。在社會集體的壓力中，悖倫的外在懲罰是較明確的，因此違背倫理是否還能自利的計算也相對明確；但在內化作用中違背倫理的懲罰是內生的，一項違背倫理的行為究竟會招來多少內心的懲罰，則與該項倫理規範的內化深度有關。

所謂「良心一斤值多少錢？」這問題將因人而異，內化程度較深的人會感到較多的懲罰，較不容易有悖倫行為；內化程度較淺者感受到的懲罰較少，在自利的計算後，悖倫行為就比較容易出現。以下為教保服務人員在事件未被揭發前，是否長期以來都使用非專業、非倫理的方式殘害幼童之案例：

幼兒園虐童倒吊摔地！
女師現身辯「手滑」挨批人神共憤

某私立幼兒園發生至少兩起虐童事件，分別是二、三歲孩童遭倒吊重摔在地和打巴掌。施暴師現身還堅稱是「環抱慢慢放到地上」，讓社會震驚並怒批沒人性。教育局回應，教師停職調查，若確定不適任將無法繼續任教，幼兒園不排除廢止許可證明。

資料來源：壹蘋新聞網（2022）。

幼兒園遭控不當管教，多名教師大吼、體罰學生

北市一間公立幼兒園被多名家長控訴，老師打罵、體罰學生。有一名家長提早去幼兒園接孩子，驚見有學生只是因為鞋子還沒脫，就被老師大吼、用力扯腳，還有家長看到孩子在家打罵其他家人，追問才知道他在學老師。

資料來源：三立新聞網（2021）。

　　內化最重要的方式就是透過教育訓練。因此，大專院校的專業科系必須開設教保專業倫理課程，使學生了解專業倫理精神與主要內涵。另一方面，幾乎所有的專業人員在完成正式的學術訓練後，仍需要經過一定的實習階段，專業人員在實習的過程可以經由與其指導者（mentor）之互動，學習有關專業倫理之精神並內化。此外，各專業團體也可以定期或不定期的舉辦相關之倫理課程，提醒教保工作人員對專業倫理的重視。例如，在通過半年職前實習訓練及必須再通過幼兒教師資格考試之後的人員，才能正式取得幼兒園教師資格；或者大專院校幼保科系畢業前都必須修習專業必修「幼兒園教保實習」課程，始得審認成為一位正式教保員；在職前訓練的這段期間，教保服務人員倫理規範就是門相當重要的課程。

拉近現實與理想的差距

　　實習是從學校過渡到職場的一個重要階段，實習生可能在實習階段遇到專業倫理問題，看到自己對幼教工作的憧憬與實際工作現場的差距，並思考未來如何適應如此的差距，也就是如何調和理想與現實之間的距離，故教保倫理規範則是職前訓練中之重要學習課題。

第三節 ▪ 專業倫理的變遷

倫理既然是行為的規範，應該視為體制（institutions）的一部分。體制是社會遊戲的規則（rules of the game），其變遷受到兩個因素影響（North, 1990, p. 3）。第一，體制與組織之間在共生關係下的各種誘因影響，所產生的鎖定（lock-in）效果。第二，人們如何看待體制下的機會，並因而做出的反應及其之後的交互影響回饋過程（North, 1990, p. 7）。專業倫理對於專業人員而言就是一種限制作為的體制，專業人員受其規約並在這些限制下尋求其發展的可能與機會；同時，專業人員也會透過各種方式影響甚至主導專業倫理的變遷。

就專業倫理的變遷而言，涉及兩個部分：一是成文規範，如倫理守則的改變；另一則是不成文行規的改變。成文規範的改變必須要專業團體修正其倫理規範。例如「中華民國幼兒教育專業倫理守則」就程序而言，是幼教界透過「中華幼兒教育改革研究會」於1999 年的年會中提出（中華幼兒教育改革研究會，2001）。

至於，不成文的規範通常是約定俗成的慣例，隨時都可能發生漸進式的改變。無論是成文或不成文規範的改變，其整個過程都有如倫理規範的形成，是一種演化的程序（葉匡時，2000）。例如：各縣市為加強幼童專用車之管理，以確保行車安全，均訂有「××市（縣）學生及幼兒交通車管理自治條例」。然而，目前仍有教保機構業者發現有超載現象，有違專業倫理：

苗栗縣監理站長：「幼童專用車其實只能載七歲以下小朋友，但是他載了七歲以上的小朋友，還載了 18 個，真的是很嚴重的違規。」監理所表示，這波查緝在卓蘭鎮，就發現 14 件稽查，3 件違規，廂型車改裝，增加座位最常

見，不管超載或改裝，突發狀況時，乘客少了安全保護容
易受傷。（TVBS 新聞網，2019）

　　類似這樣的規範變遷，則是需要幼兒園業者與教保專業人員都
意識到某一行為可能引起重大不幸後果，在此形勢下所應遵守的倫
理規約：

- 原則 1-3：我們應了解幼兒的需要和能力，創造並維持安全、健康
  的環境，提供適性發展的方案。

　　以此符合園方、教保服務人員及幼兒、家長的利益，該規約就
會被遵守而形成具有相當規範力的規約。

　　不論是成文或非成文規範的變遷，這些變遷究竟是如何引發
的？若以經濟理性的角度來看，當規範存在的利益低於新規範所可
能產生的利益時，新規範應該會取代舊規範。但是，取代的過程具
有交換利益的考量，而且利益或機會的產生與分配將可能因新規範
而發生改變。這種改變是否會影響到既有組織或人員的利益是一個
重要決定因素。因此，雖然有些變遷，如果更嚴謹的「專業倫理」
的訂定與執行，將更有利於整個幼兒教育專業的發展，並可以使得
整個幼教專業創造更高的利益，但卻未必能得到足夠的支持而產生
應有的變遷。這個現象其實是專業團體或專業倫理功能不顯的社會
所呈現的正常現象。於是，國家位置也就可以名正言順的介入專業
倫理的發展與變遷。

　　另外，專業倫理既是專業社群長期演化的結果，難免會因為某
些因素的介入而有所變遷，例如：專業團體內部的省思、外部社會
的干涉、科技產品的研發等，都可能是影響專業倫理變遷的重要因
素（曾火城，2009）。專業團體宜隨時自我檢視，並衡酌專業發展
及社會需求，對既有的專業倫理做適當修訂，以期許發揮倫理維繫
之最佳效果。

第四節 ■ 教保專業倫理面臨的挑戰與實踐途徑

　　教保專業倫理強調的不是書面文字的倫理信條，而是一種內化於教師心中的價值觀，內心有這些專業倫理的價值觀，教師言行舉止自然會受到內在價值觀的指引與規範。是以，本節將討論教師專業倫理培養的歷程中可能面臨的挑戰（馮朝霖，2005，頁 8-9），並提出實踐教保專業倫理的可行途徑。

一、教保專業倫理的挑戰與困境

（一）技術傳輸式的師培課程，忽略人性價值觀

　　教育專業倫理需要藉由「自我證成」批判、思考教育專業倫理為何及如何界定其標準。由於，過去教育過於強調手段，不利於教保專業倫理的發展，過去十多年來師資培育大部分強調的是教學方法，即所謂「技術理性」而非強調價值理性；教師角色被化約為技術的接收與傳輸，教學技巧與策略本身成為目的（饒見維，1996）。換言之，在幼兒師資培育理念下的準教保服務人員，可能未來在選擇教材與使用教材、設計課程、擬定教學目標等問題上，容易落入強調「如何」與「什麼」的核心目的，以至於會忽略掉「為什麼」要如此的思維方式；而技巧與策略所植基課程目的之人性價值觀反倒是被忽略（張純子，2010）。

（二）缺乏批判與溝通論述能力

　　教育領域中由於缺乏溝通、辯論素養，源自傳統尊師重道觀念的影響，尤其如「技術理性」的師資培育課程忽視教師反省思考、自我察覺能力培養的狀況，教保服務人員置身於幼兒園文化情境之

下，因缺乏批判教育學思維，不只忽略對自身處境的了解，也常扮演著被動接受的角色，以至於造成多數教保服務人員對教育專業倫理及是非對錯無法進行開放的溝通與討論，只是形成一味服從權威、怯於挑戰或質問的現象，而喪失教育過程中之教師主體性。

（三）人權倫理意識薄弱

長久以來幼兒園中的教師、教保服務人員及師資培育階段的學生，尚未具備足夠「對師生人權的尊重」、「提升尊重人權的素養」之人權認知，不利於教育專業倫理的發展。可以透過觀賞電影如《小孩不笨》的人權影片，讓師生以欣賞、交互對話等方式，理解人權知識與熟習落實人權的技巧。

（四）文化素養與倫理意識尚未普遍

近年來，台灣社會面臨少子化衝擊及多元文化趨勢，幼兒園教師不再能如以往般躲在幼兒園封閉環境中而無視於社會經濟的變化。武藍蕙（2010）指出，教師的專業化不再只是照顧技術的表徵，而應該再概念化為具備文化素養與倫理意識的重要他人。所以，當教保服務人員無法深刻認知自我生命的獨特性與價值，他又如何能有所超越？又如何能體認每一個幼童生命的獨特性與價值，進而有所尊重（戴文青，2005）？

二、教保專業倫理的發展途徑

（一）專業倫理行為模式，無統一可遵循的模式

在幼兒園機構之內、外教學環境充滿瞬息萬變的可能因子，以及教學步驟的緊湊性與急迫性，致使教保專業倫理信條無法一一概括所有可能的教學情境。所謂「教保專業倫理有限，而需面對因應

的情境無窮」，應該是教保服務人員所面臨的重大挑戰。即使透過職前之養成教育習得有效之專業行為，然而有時一到了實務教學現場，有可能面對幼兒園史無前例可循之案例，他們仍必須靠自己當下做出專業的決定或判斷。

（二）專業倫理養成，透過職前或在職培訓

教保專業倫理該如何培養，可說是目前教保專業發展的當務之急。面對前述教育倫理專業發展的挑戰與困境，可參考下列師資培育機構專業倫理之養成途徑（梁福鎮，2003，頁 148-149）：

1. 課程規劃與教學活動

幼兒師資培育機構應該在規劃師資培育課程時，融入教育本質、人權倫理和教保專業倫理的觀念，加強學生教育本質、專業倫理和溝通論述的學習，均衡幼兒教育專業知識和教保專業倫理課程的比例，以培養健全的教保服務人員。

欲改善教保專業倫理不足問題，師資培育機構可從幾方面來進行：

- 開授「教保專業倫理學」課程，教導倫理的理論。
- 開授「教學原理」課程，闡述教學倫理的問題。
- 開授「教育行政學」課程，教育學生行政倫理和領導理論的意義。
- 開授「德育原理」課程，培養學生基本的道德並建立正確的價值觀。
- 開授「幼兒教育史」課程，提供學生教師專業倫理的典範，讓學生能夠見賢思齊，效法偉大教育家的精神。
- 舉辦教保專業倫理的演講或研習活動，讓學生了解專業倫理的內涵和意義，奠定學生專業倫理的基礎，以培養具有專業倫理精神的教保服務人員。

2. 幼兒園教保實習

大專院校幼教保科系實習學校的輔導教師和實習教師在撰寫「幼兒園教保實習」計畫時，應該在教學技巧、行政事務和導師工作之外，增加教學倫理問題、保育倫理和行政倫理培養的學習，並作為評定教育實習成績的重點之一，方能奠定教保實習專業倫理的基礎，使其重視專業倫理的觀念，成為幼教專業知識和專業倫理兼顧的優質教保服務人員。

3. 專業組織

幼兒教育專業組織應該根據我國社會文化的性質和專業倫理的意義，仿效美國 NAEYC 每五年修訂原「幼兒教育專業倫理準則」，作為教保專業組織成員可共同遵循的標準，提供教保服務人員作為專業行為的規範，指導專業工作的進行，以樹立專業人員的形象，提高專業地位。

4. 學術研究

「教保專業倫理學」領域一直未受到應有的重視，不僅培養的研究人才有限，這對於我國「教保專業倫理的教學和研究」亦相當不利。有鑑於此，教育部、國家教育研究院和國家科學及技術委員會，當補助教保倫理學相關研究，培養教保倫理學領域人才，抑或是鼓勵辦理相關教保專業倫理之學術研討會、研習營，促進我國幼兒教育專業倫理之學術發展，以利於幼兒教育機構專業倫理的建立。

三、面對幼兒正向行為輔導

從前文提出專業倫理的維持上，我國教保服務人員在提供教保服務的過程當中，常發生許多問題。由於教保服務人員面對的是年

幼的孩童，若當這些嬰幼兒遭遇不當的對待時，他們往往無法為自己發聲。面對幼兒園中常見虐童與不當管教案例，促使立委提案擬修法在學校及幼兒園教室內裝設監視器，許多民間團體認為此項政策不僅會侵犯教保服務人員和幼兒的隱私權，也會涉及到法律與侵犯人權等問題，同時違反教育目的及破壞親師關係。此時，教保服務人員的專業倫理就顯得格外重要（張雅玲、張瑞村，2021）。

　　如前述之教保服務人員工作倫理守則，首要為絕不傷害幼兒，但是教保服務人員若未具備教保的專業知能，恐怕在有形或無形中傷害幼兒而不自知。故本小節擬從《教保服務人員條例》政策規準的了解，強化學生具備不傷害幼兒，進而積極保護幼兒免其受到傷害，且尊重接納幼兒與家長，並確保其權益之專業倫理知能（蔣姿儀，2019）。以下提出負向管教、正向管教、對應的幼兒教保服務重要法規，以了解教保服務角色、責任與教保專業能力。

（一）負向管教

　　若因負向行為造成他人的損失必須負起賠償責任，同時管教者必須能夠傾聽幼兒以及正確示範（卓文婷，2023）。因此實務現場的教保服務人員若只消極「管理好」幼兒，讓他們循規蹈矩、不要違規、不要影響上課，可能產生的壓力來源包括：

1. 內在因素：求好心切、身心狀況。
2. 外在因素：園方的要求、家長的期待。
3. 加上幼兒出現負向管教行為：不聽話、動作太慢、不想吃飯、打人、搶玩具、上課吵鬧、不想睡覺等等。

以上種種導致的結果，教保服務人員可能出現：推拉幼兒、打罵幼兒、關廁所、威脅幼兒等，引起家長投訴。教保服務人員通常會表示「對不起、不是故意的啦」、「都是為孩子好」、「就只有這麼一次！」，最後產生的可能結果是被處分、被解聘、上新聞媒體，甚至上法院。

負向管教
只告訴孩子不可以表現的行為
嚴厲回應孩子不當行為
受到威脅及利誘幼兒才遵守規則
控制、羞辱、貶抑的手段
否定、輕視孩子的態度
拒絕孩子說明

（二）正向管教

　　「正向管教」的意義在於讓幼兒知道哪些是正向的行為，並把錯誤當作學習的機會。以正向管教的態度來引導，不只是消極管理好幼兒，讓他們循規蹈矩、遵守規範，更要積極教導，幫助幼兒獲得良好的學習和方向。教保服務人員運用適當行為建立的策略或適時提供規範與認知運作，可以降低幼兒在教室內的負向行為問題。處理幼兒負向行為的方式為：先建立孩子的安全感與接納幼兒的情緒，並採逐步漸進的方式，提供規範、運用行為改變技術、進行說理溝通與同儕影響力量等方式。

正向管教
直接告訴孩子正向行為
鼓勵或獎勵孩子好的行為表現
幼兒遵守規則，是經過討論、認同的規則
立場前後一致、堅定的引導模式
肯定、尊重孩子的說法與意見
示範與願意傾聽

（三）教保服務人員違反事件對應的相關法令

　　新修正的《幼兒教育及照顧法》、《教保服務人員條例》於 2023 年 3 月 1 日起正式施行，新法明確規範教保服務機構相關人員消極資格，以及違法對待幼兒案件調查處理流程。教育部說明，此次修正條文參酌 2019 年 6 月 5 日修正公布的《教師法》，將消極資格規定依其情節輕重，分別明定終身、一年至四年不得進用的規範（聯合報，2023）。

法令	實施教保服務應遵守的規定
《幼兒教育及照顧法》第 50 條	教保服務機構之負責人或其他服務人員，違反第三十條第一項規定，對幼兒有下列情形之一者，處行為人新臺幣六萬元以上六十萬元以下罰鍰，並公布行為人之姓名及機構名稱： 一、身心虐待。 二、情節重大之體罰、霸凌、性騷擾、不當管教、其他身心暴力或不當對待之行為。
《幼兒教育及照顧法施行細則》第 12 條	本法第三十條第一項所稱身心虐待、體罰、霸凌、性騷擾、不當管教，或其他對幼兒之身心暴力或不當對待行為，定義如下： 一、身心虐待：指負責人及其他服務人員對幼兒之體罰、霸凌、性騷擾、不當管教，或其他身心暴力或不當對待行為，達到違反人道程度，對幼兒身心之健全發展造成相當程度之侵害者。 二、體罰：指《教師法施行細則》規定之體罰。 三、霸凌：指《校園霸凌防制準則》規定之霸凌。 四、性騷擾：指《性別平等教育法》規定之性騷擾。 五、不當管教：指負責人及其他服務人員對幼兒採取之管教措施，違反輔導管教相關法令之規定者。

（續下頁）

法令	實施教保服務應遵守的規定
	六、其他對幼兒之身心暴力或不當對待行為：指負責人及其他服務人員對幼兒所為之積極作為或消極不作為，超出一般社會通念可忍受程度，而對幼兒身心之健全發展造成侵害者。

　　目前我國幼兒教育現場所產生的問題多半與教保服務人員的專業倫理有關，像是不當的管教或是與幼兒家長或同事的關係產生惡化，這些都得回到教保師資的養成來討論，若師資培育課程未能加以重視，那麼所培育的教保師資將會缺乏專業倫理的素養，也會讓幼兒教育現場愈加混亂。因此，教保專業倫理課程的實施，對於教保服務人員而言，能協助教保服務人員檢視箇中的倫理價值並自我反思，提升對專業倫理的實踐。

▌結語▌

　　倫理之形成需要社會共識及長期社會演化，倫理之維持則需要社會壓力或內化的方法，至於倫理的變遷則是專業人員、專業團體及其所服務的對象互動回饋的結果。專業團體或專業人員不能完全依賴國家機器來處理專業體系之各項任務，爰需要自律性或自發性的專業化發展。要做到這一點，除了既有專業人員應對專業的意義有更深入的理解之外，師資培育者更應該在專業人員的養成過程中，讓他們理解到「專業」不應僅被視為是一種謀生工具，更應有一個以人為目的之整體意義。

　　就專業倫理形成、內化與變遷而言，專業倫理的產生並非憑空而來，而是專業社群長期演化的結果，也是專業成員共識的產物。因此，幼兒教育不應被視為單純的教保職業教育，需積極追求專業卓越的理想和參與社會的意義。教保專業人員應該在養成過程中，

將必要的倫理精神內化，願意積極參與專業社群活動，追求專業的進步。唯有個人與組織建立起足夠的自主性，專業倫理才有實踐之可能；也唯有專業倫理落實之後，專業才稱得上專業。

▌問題與討論▌

1. 請說明「專業倫理的形成」有哪些重要的社會條件？

2. 請說明維持倫理的社會機制具有哪兩項？以本章「娃娃車悶死幼兒事件」和「幼兒園虐童倒吊摔地！」為例，討論哪一項機制是比較重要的？

3. 近年來由於科技產品的發明，改變了幼教機構中人際的互動型態，請討論對於幼兒園機構或班級教保服務人員的運用上，可能涉及的倫理問題。

4. 請說明教保專業倫理的挑戰與困境為何，以及可能的實踐途徑為何？

5. 舉一個幼兒園教學現場的案例，分析教保服務人員採用「正向管教」與「負向管教」的情形為何？並論述其個人觀點。

參考文獻

中文部分

TVBS 新聞網（2019 年 9 月 6 日）。都罰！廂型車改裝超載　娃娃車載 **18** 名學童。https://news.tvbs.com.tw/life/1196520

三立新聞網（2021 年 8 月 25 日）。北市幼兒園遭控不當管教多名教師大吼、體罰學生。https://www.setn.com/News.aspx? NewsID=987835

王靜珠（2005）。淺談幼保人員的托育服務意義及專業責任倫理的認知。載於亞洲大學舉辦之「第二屆健康的幼兒教育學術研討會」論文集（頁 97-109），台中。

中華幼兒教育改革研究會（2001）。「邁向專業的老師——幼教專業倫理工作坊」研習手冊。作者。

朱建民（1996）。專業倫理教育的理論與實踐。通識教育季刊，**2**（3），33-56。

吳慎慎（2003）。教師專業認同與終身學習：生命史敘說研究〔未出版之博士論文〕。國立台灣師範大學社會教育研究所。

武藍蕙（2010）。幼保師資培育關懷取向「專業倫理」課程實踐之研究〔未出版之博士論文〕。國立台北教育大學課程與教學研究所。

卓文婷（2023）。淺談幼兒園正向管教。台北市教育 e 報，987。https://enews.tiec.tp.edu.tw/EduNote/Detail/383

張純子（2010）。幼教工作者專業認同歷程之研究〔未出版之博士論文〕。國立中正大學教育學研究所。

張雅玲、張瑞村（2021）。我國教保服務人員專業倫理之探析。教育科學期刊，**1**（20），57-73。

梁福鎮（2003）。師資培育與職業倫理：教育倫理學觀點的分析。教育科學期刊，**3**（2），138-152。

曾火城（2009）。教保人員的專業倫理意涵。載於曾火城等（合著），**幼兒教保專業倫理**（頁 1-1～1-41）。華格那。

馮朝霖（2005）。教育專業倫理——專訪政治大學教育學系馮朝霖教授（特約採訪：林佳宜、陳麗秋）。**教育研究月刊，132**，5-10。

葉匡時（2000）。談專業倫理。**中央研究院中山人文社會科學研究所人文及社會科學集刊，12**（3），495-526。

蔣姿儀（2019）。幼兒教保專業倫理課程系統性多媒體教材建構教學實踐研究。教育部教學實踐研究計畫成果報告。

壹蘋新聞網（2022 年 11 月 8 日）。北市幼兒園虐童倒吊摔地！女師現身辯「手滑」挨批人神共憤。https://tw.nextapple.com/life/20221108/52C27C7C3EB8C084F9A4176C2474419D

戴文青（2005）。從深層結構論台灣幼兒園教師專業認同轉化的可能性。**南大學報，2**（39），19-42。

饒見維（1996）。**教師專業發展——理論與實務**。五南。

聯合報（2023 年 3 月 1 日）。幼照法、教保條例新法今起上路四大重點一次看。https://udn.com/news/story/6885/7001071

英文部分

Coleman, J. S. (1988). Social capital in the creation of human capital. *American Journal of Sociology, 94*, S95-S120.

Elster, J. (1989). Social norms and economic theory. *Journal of Economic Perspectives, 3*(4), 99-117.

Festinger, L. (1954). A theory of social comparison processes. *Human Relations, 17*, 117-140.

North, D. C. (1990). *Institutions, institutional change and economic performance.* Cambridge University Press.

Reynolds, C. (1996). Cultural scripts for teachers: Identities and their relation to workplace landscapes. In M. Kompf, W. R. Bond, D. Dworet, & R. T. Boak (Eds.), *Changing research and practice: Teachers' professionalism identities and knowledge* (pp. 69-77). The Falmer Press.

Simon, H. A. (1991). Organizations and markets. *Journal of Economic Perspectives, 5*(2), 25-44.

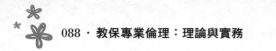

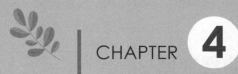

CHAPTER **4**

教保服務人員專業倫理之實務與應用

　　教師專業倫理不僅是一種原則或規範，也是一種實踐。我國的「中華幼兒教育改革研究會」參考 NAEYC 所發展訂定的專業倫理守則，推出「幼教專業倫理工作坊」，建立我國教保實務工作者對於「幼兒教育專業倫理」的共識。

　　本章分成四節，首先，介紹幼兒教育專業倫理守則；其次，探討幼兒教育專業倫理兩難的思考方式與教保實務工作的倫理兩難問題；其三，為專業倫理守則對應幼兒園倫理兩難案例之探討；最後，學習運用系統反思個案研究方法，幫助學生藉此系統化與分析性方式，有效將倫理守則運用在兩難問題情境上。

第一節 ▪ 幼兒教育專業倫理守則

「幼兒教育專業倫理」的意義是指幼兒教保專業人員應遵守的職業道德與倫理守則，包括對幼兒、家長、同事、上司與社區或社會的責任。此專業倫理守則乃是針對教保服務人員專業行為的道德考慮，對道德與專業倫理更形重要。

一、幼兒教育專業倫理守則之發展背景

美國為第一個正式討論幼教專業倫理守則的國家，也是最早發展出具體專業倫理守則信條的地區。如目前我國所列舉的幼教專業倫理守則，大部分仍以美國幼教專業倫理守則為依據，以下簡述其發展背景：

美國地區的幼教專業倫理守則由 NAEYC 訂定。該倫理守則最早於 1980 年後期開始被討論，1989 年 NAEYC 完成第一版的幼教專業倫理守則初稿，並在 1992 年確定第一版的幼教專業倫理守則；此外於 1997 年及 2005 年又分別做了部分修正（劉豫鳳，2009；NAEYC, 2008）。

二、幼兒教育專業倫理之核心價值

由 NAEYC（2005）所訂定的「幼教專業倫理守則」（參閱附錄二），作為幼教人員應具備的七項倫理核心價值：

1. 珍視幼兒時期為人一生中特別且重要的階段。
2. 將工作建立在基於對幼兒發展及學習知識的了解。
3. 重視及支持幼兒與其家庭的關係。
4. 了解幼兒所屬的文化、家庭及社區環境。

5. 尊重每一位幼兒、同事及每一個家庭的價值及獨特性。

6. 尊重幼兒、同事及家庭的多元性。

7. 了解在信任與尊重關係中，成人與幼兒才能發揮其最大的潛能。

該專業倫理守則共分為對幼兒、對家庭、對同事（雇主、員工），以及對社區與社會四個向度，分別說明了幼教人員面對上述四類對象時，應注意的專業倫理內涵。因此，不論專業倫理原則為何，幼教人員在進行實務過程時，都必須同時參酌守則內涵及自身專業，並且一併考慮幼兒教保現況中的環境脈絡（劉豫鳳，2009）。

三、我國幼兒教育專業倫理守則

中華民國幼兒教育專業倫理守則（中華幼兒教育改革研究會，2001）參考 NAEYC 所發展訂定的幼教專業倫理守則（NAEYC, 1998），推出「幼教專業倫理工作坊」，建立我國教保實務工作者對於「幼兒教育專業倫理」的共識。共分為四部分：對幼兒、對家庭、對同事、對社會，每一部分都包括理念及實際執行上的指引原則。在針對教保服務人員之倫理規範方面，提出六項基本專業道德原則：(1) 對決策的價值有所懷疑時，先考慮幼兒的福祉；(2) 盡力公平對待每位幼兒；(3) 在教學期間不要談論個人的問題；(4) 尊重幼兒；(5) 遵從專業的決定；(6) 遵從組織系統（林佩蓉、陳淑琦，2004，頁 394）。

幼教工作者經常都面臨很多的難題，會需要基於道德和倫理的本質來做決策，茲將本守則陳述於幼兒教育領域的責任及其應有的道德行為，以提供教保服務人員遭遇倫理困境時可以有一個依循的準則。

本守則之建立係基於下列共同認知：

1. 幼兒期是人類生命週期中獨特且重要的階段。
2. 幼兒教育工作乃是以幼兒發展知識為基礎。
3. 尊重及支持幼兒與家庭之間的親密關係。
4. 了解幼兒的最佳方法是由其家庭、文化和社會脈絡著手。
5. 尊重每個個體的尊嚴、價值和獨特性。
6. 在信任、尊重和關心的關係中，最能幫助幼兒和成人發揮其最大的潛能。

在我國的「中華民國幼兒教育專業倫理守則」和「幼兒園教保服務人員工作倫理守則」都指出教保服務人員經常會面臨教保現場的許多兩難問題，更需要基於道德和倫理來作為判斷的依循，用以維護幼兒身心健全發展，並與家庭、社會建立尊重及信任的關係，且和教育夥伴、雇主保持良好的合作關係，共同營造友善優質的教保環境。

表 4-1　中美幼兒教保工作專業倫理守則之面向

名稱	面向
「美國幼兒教育協會之倫理守則」	1. 對幼兒的倫理責任 2. 對家庭的倫理責任 3. 對同事（雇主、員工）的倫理責任 4. 對社區與社會的倫理責任
「中華民國幼兒教育專業倫理守則」	1. 對幼兒的倫理 2. 對家庭的倫理 3. 對同事的倫理 4. 對社會的倫理
「幼兒園教保服務人員工作倫理守則」	1. 服務倫理（對幼兒及其家庭） 2. 組織倫理（對同事、機構及部屬） 3. 社會倫理（對專業及社會）

資料來源：作者自行整理。

　　對於教保服務人員來說，基礎理論與專業實務之間常常存在著不可跨越的鴻溝，在幼兒教育機構，理論與實務真的無法契合嗎？教保服務人員若成為現場的實務工作者，如果沒有堅實的理論作為基礎，將無法實踐於幼教現場之中。幼兒教育專業倫理守則分為四個部分，每一部分都包含理念與實際執行上的指引原則。

（一）對幼兒的倫理

　　理念：尊重幼兒之權利與獨特性，善盡照顧與保護之責，提供適性發展之教保方案。

- 原則 1-1：在任何情況下，我們絕不能傷害幼兒，不應有不尊重、脅迫利誘或其他對幼兒身心造成傷害的行為。

【課堂教學應用──道德討論教學法】
幼兒園管教失控事件時有所聞

　　新北市土城一家私立幼兒園之前遭人爆料，有老師因為孩子玩大頭針而情緒失控，拿針刺了該名孩子八下，使得其稚嫩的手多了幾處傷痕，而園方也證實有此事，並向家長道歉，且已解聘施暴教保員，此體罰幼生案件也已通報教育局。新北市教育局表示，將依規定完成行政調查程序及懲處，最重可處 60 萬元，並通報全國不適任教保系統，若情節重大將移請司法偵辦。

資料來源：周品攸（2020）。

❖ 提出問題以小組方式進行討論與分享：

1. 此個案對應幼兒的倫理原則 1-1 發現了什麼重點？
2. 試想，對於老是上課不專心或課堂中玩耍的幼兒，教保服務人員該如何應對？

■ 原則 1-2：應公平對待幼兒，不因其性別、宗教、族群、家庭社經地位等不同，而有差別待遇。

■ 原則 1-3：我們應了解幼兒的需要和能力，創造並維持安全、健康的環境，提供適性發展的方案。

【課堂教學應用——體驗發表法】
別叫她外籍新娘 *

　　小智是一位具有領袖特質的孩子，在學校只要呼朋引伴就會有一群好朋友跟著他，但是自從升上大班後，班上來了一位轉學生小哲，他的媽媽是印尼籍，爸爸是位船員，平日忙於工作。

　　小哲外觀身型渾圓、膚色黝黑、說話有腔調、語言表達遲緩，在家長與小智的眼中把小哲的媽媽標籤化為「外籍新娘」。原本老師囑咐小智要多關照小哲，然而他不但沒有接納「異己」，還進而排擠、嘲笑取其綽號為「大箍呆」。小哲逐漸變成班級中的獨行俠，進而不認同媽媽的外籍身分，甚至希望爸爸能換一個新媽媽。也因為如此，小哲媽媽也有所顧慮，根本不敢教自己的小孩說她的母語……

❖ 案例分享後，請寫下個人心得省思：

1. 此案例中，從「外籍新娘」和「大箍呆」一詞，看到了什麼重要的概念？

2. 試想，當面對班級中出現以上如「小智」和「家長」的反應，可以使用什麼樣的應對方法？

3. 根據以上案例，對應原則 1-3 請列舉適性的主題教學活動。

---

* 將過去的「××（國名）新娘」、「外籍配偶」正名為台灣新住民。內政部入出國及移民署署長謝立功於 2012 年宣布，來台的外配、陸配，包含歸化取得身分證者，移民署從此稱之為「新住民」。

■ 原則 1-4：我們應熟悉幼兒被虐待和被忽略的徵兆，採取合宜的行
動保護幼兒，當握有確切的證據時，應向主管機構通報。

【課堂教學應用──價值澄清法】

兒童被虐待的方式分為四種類型：身體虐待、疏忽、性虐
待、精神虐待四種形式，其中又以身體虐待最可能導致死亡或終
身傷殘。教保服務人員為幼童主要照顧者，更可能是社會上關懷
保護受虐兒的先鋒，若發現受虐事件，向主管機關通報後第一時
間便可以由社工師深入受虐家庭調查。

兒童受虐的評估是一項醫學與司法界倫理專業跨領域的技
能，同時幼教界與社工界是提早發現的第一線人員，在專業的養
成教育中必須給予兒童警訊與通報時機的充分教育，唯有如此透
過環環相扣的專業結合，才有辦法在實務中發揮功能。

資料來源：李建璋（2011）。

❖ 問題討論與澄清：

面對受虐兒事件與現象，站在第一線的教保服務人員如何因應？

■ 原則 1-5：我們應知道早期療育系統之運作過程，能及早發現、通
報、轉介及給予相關的協助。

【課堂教學應用──案例教學法】
大隻雞慢啼

安琪的哥哥是小芬老師曾經教過的學生，所以媽媽帶著安琪
入學時就指定要讓小芬老師帶，因此剛開始家長對老師很熟悉也
很放心。但是經過了兩個月後，接觸過安琪的老師們都發現安琪

明顯有遲緩問題，必須接受評估才能得到更完善的早期療育。

　　然而，每次與媽媽溝通安琪需要接受早療時，媽媽總是回以：「我在賣菜啦！沒空！老師，妹妹全交給你啦！我放心的。」但是在班上，老師卻常因為安琪而耽誤和疏忽對其他孩子的照顧，也引來一些家長對小芬老師的抱怨。

　　當老師再提出建議給安琪媽媽時，她卻說：「我自己小時候也一樣，長大就好了！」即使是園長陪著小芬老師去做家庭訪問，但雙方仍未能達成共識……

❖ 進行討論與分享：

1. 分析和找出此案例教保服務人員執行倫理原則 1-5 的困難點是什麼？

2. 試想，身為教保服務人員的你若面對這樣的幼兒和家長時，會選擇什麼樣的方式來應對？

（二）對家庭的倫理

　　理念：尊重及信任所服務的家庭，了解家長的需求，協助或增進家長的幼教理念及為人父母的技巧。

■ 原則 2-1：應尊重每個家庭之習俗、宗教及其文化，並尊重其教養的價值觀和為幼兒做決定的權利。

■ 原則 2-2：我們應該讓家庭知道我們的辦學理念、政策和運作方式。

■ 原則 2-3：如涉及影響幼兒權益的重要決定，我們要讓家長參與。

【課堂教學應用——討論教學法】
「開學前班親會之運用」教保實務

1. 老師與家長自我介紹（了解家長文化背景，親師溝通了解家長需求及家園之教育理念）。

2. 愛的叮嚀（參閱幼兒園之校園行事曆、各項須知、疾病衛教單等）。

3. 教師班級經營及理念分享（教育理念、課程活動介紹、作息時間表）、親職教育（親師欄、獎勵）。

4. 幼兒園活動宣導重點。

■ 原則 2-4：如有意外或特殊狀況發生時，我們應即時讓家長知道。

【課堂教學應用——講述教學法】
「意外事故應變處理程序」教保實務

1. 程序：保持冷靜，檢視幼兒，立即求救，撥打急救電話，聯絡家長，送醫。

2. 目的、態度、方法：

   (1) 原則上打 119、聯絡家長。

   (2) 立即能得到其他人協助及舉證。

■ 原則 2-5：如涉及與幼兒有關的研究計畫、拍照、攝影、作品，我們事前應該讓家長知道，並尊重其同意與否的決定。

> ### 【課堂教學應用——講述教學法】
> ### 「家長同意單」教保實務
>
> ❖ 教保服務人員若有研究計畫、攝影、拍照等相關事務要進行，
> 應以明確的表達方式描述，事前為家長準備個別簽名之同意
> 單，以尊重其決定，避免紛爭。

■ 原則 2-6：我們應尊重幼兒與家庭的隱私權，謹慎使用與幼兒相關
的記錄與資料。

> ### 【課堂教學應用——講述教學法】
> ### 「個人資料保護法」教保實務
>
> ❖ 針對幼兒園幼童個案及家長資料，依據園務行政需要，教保服
> 務人員須配合《個人資料保護法》規定辦理，做到專人、專
> 責、保密方式妥善蒐集、處理、利用個人資料。
> 關於《個人資料保護法》可參見「全國法規資料庫」（law.
> moj.gov.tw/LawClass/LawAll.aspx?PCode=I0050021）網站。

■ 原則 2-7：當家庭成員對幼兒教養有衝突時，我們應坦誠地提出我
們對幼兒的觀察，幫助所有關係人做成適當的決定。

> ### 【課堂教學應用——討論教學法】
>
> ❖ 提問：當幼兒家庭成員之間對幼兒教養有衝突時，教保服務人
> 員應如何處理？
> ❖ 與親師溝通對教養幼兒的觀念，以小組方式具體提出平日對幼
> 兒的觀察中可以提供的資源有哪些。

（三）對同事的倫理

　　理念：基於專業知識，與工作夥伴、雇主或部屬建立及維持信任與合作的關係，共同營造有益於專業成長的工作環境。

1. 對工作夥伴間的倫理

- 原則 3-1：我們應與工作夥伴共享資源和訊息，並支持工作夥伴，滿足專業的需求與發展。

- 原則 3-2：當我們對工作夥伴的行為或觀點覺得擔心時，應讓對方知道我們的擔憂，並和他一起以專業的知識和判斷解決問題。

- 原則 3-3：我們應與工作夥伴共同討論、分工，並接納工作夥伴給予的建議，並適當地調整自己。

【課堂教學應用──角色扮演法】
恨鐵不成鋼

　　小梅是一位五專幼保科剛畢業的學生，來到「凱特幼兒園」擔任助理一職，園長為了讓她早點熟悉園內的工作，安排由資深老師方姐帶領她。方姐平日熱心助人，希望能將自己所知所學都傳授給小梅，讓她能夠早日成為得力的助手，因此常利用下課時間與小梅聊上課的感想，並且分享教學經驗，建立對班級的共識。

　　在兩個月相處的過程中，方姐請小梅協助製作教具，希望由此增加她的能力，但她總是以要打掃公共區域、端餐點來推辭；方姐在教學中需要小梅協助時，她也總是一溜煙地到其他班級跟小朋友玩。方姐常為此事十分懊惱，卻又深感無奈；更發現小梅在自由活動時間，常容易在交談中說出「笨蛋、豬啊、白癡……」等不當言語。方姐私下與小梅溝通希望不要再發生，雖然她當場答應了，但是沒過幾天又發生了。

小梅與其他同事相處也不融洽，她常在端餐點的過程中私下重新分配菜量，導致別的班級菜量不足，廚房阿姨為了此事不停的向方姐抱怨。有時小梅跟隨娃娃車時一言不合與司機叔叔吵起來，更會將憤怒的情緒帶進教室，方姐不只要照顧一群小朋友，又要替她收拾善後，實在感到疲累！

❖ 角色扮演：

讓每一個學生輪流扮演上述每個角色，用戲劇表演的方式呈現，包括：小梅、方姐、班級小朋友、其他同事。

❖ 提出問題討論，藉以檢視學生的價值觀：

1. 從扮演的不同角色中發表自己的感想，以體會旁觀者和當事人的差異。

2. 分析故事案例中同班老師「相處關係」的人際哲學為何？

3. 遇到如案例中小梅這樣的同事，你會採取什麼樣的應對方式？

2. 對雇主的倫理

■ 原則 3-4：當我們不贊同任職機構的政策時，應先在組織內透過建設性的管道或行動表達意見。

■ 原則 3-5：當我們代表組織發言時，應以維護組織權益的角度來發言與行動。

■ 原則 3-6：我們應積極參與機構舉辦之活動，並給予適當的建議。

【課堂教學應用──價值澄清法】
「組織中權益之爭」教保實務

任職幼兒教育機構組織，在權力不平等的關係下（主管與下屬、資深與資淺），有時會呈現出握有「權力者」的一言堂現

象。因此，教保服務人員有時對抗的不只是自身利益或幼兒權益之爭，更可能是反抗或順服威權宰制的抉擇。這似乎不再只關乎教保服務人員的個人道德勇氣，而是整個社會文化的再現！

❖ 提出問題討論：

　試想，我們的文化鼓勵反抗不合理的威權嗎？會給這樣的人掌聲嗎？或是冷眼看「好戲」的心態呢？

3. 對部屬的倫理

- 原則 3-7：我們應創造一個良好的工作環境，使工作人員得以維持其生計與自尊。
- 原則 3-8：我們應配合法令制定合宜的人事政策，並以書面明示所有工作人員。
- 原則 3-9：對於無法達到任職機構標準的部屬，應先給予關切，並儘可能協助他們改善，如必須解僱時，一定要讓部屬知道被解僱的原因。
- 原則 3-10：應發展合理明確的考核制度，對部屬的考核與升遷，應根據部屬的成就紀錄以及他在工作上的能力來考量。

【課堂教學應用──講述教學法】
「教保行政處理策略」教保實務

　　主管人員針對教保成員有關教育與保育工作職責上的缺失，可經由公開形式的提醒、制度規範與個別懇談等步驟，兼顧理、法、情三個面向的策略，逐步取得教保成員的認同而有益於達到專業的要求。

資料來源：陳鳳卿（2009）。

（四）對社會的倫理

理念：讓社會了解幼兒的權利與幼教的專業，提供高品質的教保方案與服務，重視與社區的互動，並關懷幼兒與家庭福祉的政策與法令。

- 原則 4-1：我們應為社區提供高品質、符合社區需求和特色的教保方案與服務。
- 原則 4-2：我們有義務讓社區了解幼兒及其權益，提升社區家長的親職知能。

【課堂教學應用——討論教學法】
「社區對幼兒發展與教育之重要性」教保實務

站在教育的立場，學校教育與社區文化相融合則相互增強，分則相互抵銷。因此，在教學現場中人力有限、老師的所學也不盡然能完全顧及每個孩子的學習需求，若能透過戶外教學的課程規劃，帶學生走出校園、進入社區得到社區人士的資源，並透過經驗交流，不僅可提高教學效能，更能拉近學校與社區家長之距離，達到相互扶持、彼此支援之雙贏策略。

❖ 提出問題討論：

幼兒園存在於社區中，討論融合的社區資源有哪些？

- 原則 4-3：當我們有證據顯示機構或同事違反保護幼兒的法令規定時，應先循內部管道解決；若在合理的時間內沒有改善，應向有關當局舉報。

【課堂教學應用——道德討論教學法】
幼兒園爆不當管教

　　台中市一所私立幼兒園的中班教保員，一年來多次對學生不當管教，動手打學生，家長發現了，老師卻教孩子說謊，直到有家長在群組爆料，有一半左右的家長才發現自己的孩子被打不是單一個案。一位家長指出，這兩個星期，她的小孩左臉頰有瘀青，她問老師，老師說小朋友跑來跑去跌倒；沒有多久右臉頰又瘀青，左手臂也瘀青，小朋友都說跟男同學手牽手撞到櫃子，聽起來非常合理。沒有想到原來是小朋友不敢說，直到班上同學發生被老師打巴掌，家長忍無可忍在群組說出來，她才發現女兒被老師打。

資料來源：自由時報（2022）。

❖ 提出問題討論與分享：

1. 教保員面對自己傷害孩子，竟然對小朋友說：「在小朋友身上裝上小眼睛，不可以回家跟爸爸媽媽說」，對此你有何看法？

2. 教保員不承認自己管教不當，指稱那是他管教孩子的方式，後來卻承認自己在管教時情緒失控，請對此說法進行討論。

3. 此「不當管教」的個案，會面臨後續什麼樣的行政處分？請嘗試提出是否有可能的預防措施。

第二節 ▪ 幼兒教育的專業倫理兩難情境

「倫理兩難」（ethical dilemma）之定義為，在兩種或兩種以上互相衝突價值的情況之下，當事人很難決定該採取或表現哪一項行為，或該下哪一項決定。谷瑞勉（1999）提出幼教人員專業倫理涉及五個重要議題，時至今日仍適用於當前的教保環境：

1. 教保服務人員與家長的互動：包括幼兒的學習內容與教養方式等。
2. 教保服務人員與其他同事的互動。
3. 教保服務人員與幼兒園行政人員的互動：包括垂直與平行關係。
4. 教保服務人員與相關單位的互動：包括主管機關、其他幼教機構等。
5. 幼教相關單位之間的互動。

幼兒教育在面臨倫理問題時，教保服務人員常會陷入兩難的思考，因為在現實又複雜的教學情境中，教保服務人員在處理問題的時候，常會因為要堅守某項原則而犧牲掉另一項原則，就是所謂的「倫理兩難」。

一、教保工作實務中的倫理兩難情境

教保工作的「倫理兩難」指出教保服務人員於幼兒園職場必須與幼兒、家長、同事及社區互動，當專業價值核心價值中對教保服務人員要求的責任與義務發生衝突的情形，必須要決定何種價值要優先處理，此類需要較周延的省思和明辨，才能做出一個完善的決定。換言之，這些衝突可能源自於彼此角色位置的不同，也可能是秉持的價值觀念差異，更可能是教保服務人員在專業義務的模糊或

衝突，這些都可能引發教保服務人員面臨決策上的困擾。

　　張純子（2016）於研究指出教保服務人員面對「專業倫理兩難」時，通常在依循專業倫理守則後，會出現「對的」與「更對的」抉擇過程所面臨的困境，而在教保服務人員於幼兒園之中與幼兒、家長、同事及社區互動，常因為專業認知引發了許多抉擇的衝突與困境，同時也必須處理多重角色所衍生出來的倫理問題。

　　回顧上述「幼教專業倫理守則」發現，教保服務人員常面臨的是教保問題、保密議題、人際關係、責任與專業能力等問題，或有時仍要面對家長或行政人員提出不合理要求，並回應那些不當政策或承擔專業以外的責任，以至於要處理多重角色所衍生的倫理問題。以下為教保工作倫理兩難議題：

（一）價值倫理

　　個人價值、專業價值或社會價值往往影響專業工作的進行，當教保服務人員無法確認所秉持的價值是否正確的同時，倫理兩難就會發生。幼教現場中，最困難的倫理情境常發生在教保服務人員「個人專業價值與機構價值的相互衝突」，這種情形大多可能發生在正式執行的政策。例如：幼兒園正在執行的一項教學政策（幼兒園英語教學），或是專業中一項非正式但存在很久的概念（家長優先），而它正與教保服務人員深信不疑的教學信念產生衝突。

1. 專業價值與個人價值

　　葉郁菁（2004）指出：「從教室中的權力關係回歸到教保的專業倫理，教師有責任與義務保護兒童的健康與安全，促進幼兒的身體與心理健全發展。」然而，教保服務人員在專業服務過程中，秉持的教學專業價值有時會與個人價值有所衝突。例如：在對幼兒行為輔導時，若缺乏對教學與班級經營歷程的深度省察，則無法跳脫制式化、機械化的控制手段，陷於懲罰的即時性與有效性的迷思。

2. 個體利益與團體利益

　　教保的專業價值，強調每一個體都能獲得基本人權和尊嚴，而且不同族群與文化亦能獲得尊重。但是，一旦少數的利益主張與大多數團體成員的利益相互衝突時，該如何取捨？是服從多數原則，還是尊重少數？這樣的現象最常發生在幼兒園班級實務有身心障礙與特殊教育的工作中。面臨此一抉擇情境，例如：有些「自閉症」或「過動症」幼童的家長，會認為學校系統應該多為孩子提供一些方案或多元政策，來滿足自己孩子的學習需求；但同班其他家長則會認為這些需要特殊教育的孩子應該離開原班，以減少對其他學生學習的干擾，雙方在認知上的差距，逐漸產生矛盾對立的局面。

（二）義務倫理

　　教保服務人員在專業體系中，有「法定職責」必須遵守，包括照顧、尊重隱私、保密（原則 2-5 和 2-6）、告知、通報義務（原則 1-4 和 1-5）。同時，他們亦可能會遭遇兩種以上的法定義務相互衝突，如報告義務對保密義務。換言之，當發現幼童個案家長已經構成違法或是造成虐童傷害時，是否應為了保護當事人而繼續保密？若選擇通報而揭露事實，則有可能因此破壞關係的疑慮。

1. 守密義務與隱私揭露

　　保密（confidentiality）與隱私權（privacy）的重視，是不去揭露工作中得知的幼童資料，尊重與親師間保密的專業關係。然而，同時也須認清必要時有分享親師資料的可能性。例如：當個案提及可能危害第三者安全時，預知危險與警告義務相對於保密的倫理兩難就會出現（Dolgff et al., 2009）。

2. 通報義務的困難

　　依據《兒童及少年福利與權益保障法》，教保服務人員在知

曉有違法行為時需要進行通報，但通報後家長若知道洩密者是教保服務人員，那麼親師關係將會受到影響。不過，有一些「發展遲緩兒」或「虐兒」的通報案件處理實務，研究資料也發現教保服務人員進行判斷會思考，通報後的後續資源是否能夠支持，若是有感於後續資源的有限性或幼兒安全上的考量等，就會令他們的通報行動裹足不前，擔心通報後反而讓後續狀況更加複雜。

3. 幼兒利益與家長利益

教保服務人員對幼童照顧、負責是基本的義務，在處境上有關「個案主體」的界定有時是模糊的。例如：當發現一些孩子的問題原因是「與家庭密切關聯」，而專業目標要進行孩子問題改善時，是要考量「家庭」還是「幼兒」的利益呢？

（三）結構困難

教保服務人員在服務過程中夾雜著幼兒、家長、同事、行政人員不同的目標利益，或是專業人員間背景、價值判斷、專業立場的差異，當雙方認知相左時，就容易產生不同角色之間的拉鋸。在這裡的「結構衝突」是指幼教機構人員所身處的環境結構中不同角色位置所產生的歧見。也就是說，教保服務人員必須對專業關係內、外的人忠誠與負責，惟這些專業目標與其他人員期望的不同，例如與幼兒、不同家長的需求、教育行政的目標差異等。

揭露幼兒園不當政策

教保服務人員提供服務時，若認為幼童的問題主要來自幼教機構教育政策的失能或未具正當性，他們在組織中工作的角色有可能被邊緣化。如何在組織中秉持正義的挑戰、應該採取何種方法進行問題改變，都是教保服務人員面臨的考驗。然而，當任何努力都宣告失敗後，如何改變政策與環境系統，又如何說服受僱組織並倡導政策之正當性與合法性，尤其是在面臨是否揭露組織的不當政策

時，更是兩難！

（四）倫理判斷的考慮層面

教保服務人員在教學過程，均屬於具有法律義務的專業人員之一。但是，這些教保服務人員毫無爭議的法律義務若與個人、園方利益之倫理衝突時，就會顯得兩難。

1. 法律層面

幼兒園的「零體罰政策」所涉及的是於 2012 年開始施行的《幼兒教育及照顧法》，以及《兒童及少年福利與權益保障法》等法律議題。若發生體罰事件要依照《教育基本法》第 8 條、《幼兒教育及照顧法》第 23、24、30、50、58 條、《兒童及少年福利與權益保障法》第 49 條，暨《中華民國刑法》第 286 條修正案辦理。但是，屢見幼教機構發生體罰事件，園方害怕名聲受損，有時會採取包庇不適任教師之違法行為。

2. 倫理層面

遭遇兩難情境所進行的倫理判斷，一般會考慮倫理學「義務論」或「效益論」思考，或是會衡量倫理原則中「避免傷害」、「正義」、「利益」、「自主」、「生命原則」等之優先順序，以使倫理判斷結果更符合倫理性（胡中宜，2011）。

3. 效果層面

倫理判斷上除了法律優先性與倫理道德層面的考量外，行動結果的「效果」達成則是另一個需要提及的重點。首先，促使個案（師生、親師）有合作意願的態度及兼顧專業的目標，包含專業判斷與組織目標是否符合有效性的關鍵。因此，教保服務人員在面對「幼兒行為輔導個案」時須兼顧法律、倫理要求及有效性，此時的評估重點乃在增加選擇機會、分析利弊得失、運用同理等策略。

4. 價值層面

　　教保服務人員的決策充滿價值的判斷，人要過什麼樣的美好生活？人類的尊嚴是什麼？什麼是好的、什麼是壞的？倫理判斷中哪些是個人價值，哪些是專業價值，哪些又是文化價值？值得深思。

　　在教學倫理兩難情境中，有許多是屬於價值之間的衝突：「幼兒園實施英語教學之合法性或幼兒發展的適性問題；外籍教師在幼兒園教英語之合法性問題」，一直是指涉「教師自決」與「家長主義」的價值抗衡。

　　另外，倫理判斷也會受到華人社會中的文化思維影響，華人會強調傳統主義、圓融、不衝突、順從權威、尊卑親疏價值，這些的價值體現在幼教機構的教育人員碰到結構與價值兩難時，常常是顯而易見的。諸如：當教保服務人員與主管的專業目標不一致時，有些會採取避免衝突的策略，順從權威。尤其，在組織中舉發同仁不當行為，或向園長倡導改變組織中的不正當政策時更是困難。

二、專業倫理問題的思考方式

　　Kenneth Strike 與 Jonas F. Soltis（1992/1999）在《教學倫理》（*The Ethics of Teaching*）一書中提出兩種解決倫理問題的思考方式：後果主義與非後果主義。以下介紹兩種倫理思考方式及其內涵。

（一）後果主義

　　後果主義（consequentialism）又稱為「最大利益原則」（the principle of benefit maximization），它的論點是認為事情的結果決定了行為的對錯，也就是說，如果最後的結局是好的，那麼當初所做的決定就是對的，且對大多數人都好的決定就是最好的決定。

每當教師面臨倫理兩難抉擇時，選擇對大多數人都好、符合大多數人利益的決定就是最好的決定。根據 Strike 與 Soltis 的解釋，後果主義的基本假設是「快樂是好的，痛苦是不好的」。因此符合大多數人的利益就是讓大多數人都感到快樂，也就是要考慮到每一個人的所有後果，再加以平均。後果主義應用於社會正義的觀念稱為「功利主義」；不過德國哲學家康德警告，這種尋求最大平均快樂的方式會將自己的快樂建築在別人的痛苦上（武藍蕙，2004，頁4-8）。

（二）非後果主義

非後果主義（non-consequentialism）又稱為「平等尊重原則」（the principle of equal respect for persons），它認為道德觀念應凌駕於一切決定之上。以康德所言，我們應尊重人類的內在價值，並以此內在價值來相互對待。正如「己所不欲，勿施於人」的道理，人們享有相同的基本權利，每個人都有均等的機會；因此如果將某項道德法則應用於其他人身上時，必須將心比心設想，自己是否也願意被人用同樣的方式對待（武藍蕙，2004，頁4-9）。

【課堂教學應用──體驗發表法】
電影簡述：《春去春又來》之「春天卷」

一位頑皮的小沙彌，在池中捉住一隻小魚，並用繩子綁住小魚身體，再綁上一粒小石頭後放入水中。看見小魚奮力掙扎游泳時，小沙彌不禁呵呵大笑，接著，他連續用同一方法對待青蛙和蛇。殊不知這一切都看在師父眼裡。

於是，師父找了一塊石頭綁在小沙彌身上，要讓他體會小動物被捆綁及負重的感覺。後來，雖然小沙彌認錯，但師父說：「去把小魚、青蛙及蛇找到並放了牠們，我就放了你，如果有任何一隻小動物死掉，這塊石頭將一輩子壓在你心中。」

隔天，當小沙彌翻山越嶺來到小溪時卻看到被綁上小石頭的魚已死掉，他非常傷心地將小魚掩埋，隨後又在溪中石頭縫裡找到被捆綁小石頭的青蛙，心裡大大鬆了一口氣後，趕快幫小青蛙解開小石頭。但是，最後卻在大石頭下找到早已流血死亡的蛇，終於放聲大哭。

❖ 電影賞析之倫理案例分析：

1. 角色分析——如果你是那位師父，面對小沙彌的這些行為會如何「處理」？

2. 倫理思考——依照每個人提出的「處理方法」，會對應到專業倫理兩難問題思考中的「後果主義」或「非後果主義」？析論理由何在。

3. 問題發現——舉出電影中所可能涉及的教育議題，可以運用在幼兒園教學現場的有哪些？

第三節 ▪ 教保服務人員面對專業倫理兩難的實務分享

「專業倫理兩難」（professional ethical dilemma）指教保服務人員依循專業倫理守則後，仍有「對的」與「更對的」之抉擇過程所面臨的困境。因此，並非教保現場中發生的衝突都是倫理兩難，許多源自個人價值觀不同所引發的衝突，常是個人利益的不能兼顧所導致的困境（萊素珠，2007）。個人的價值是內隱、含

蓄（implicit）且直覺式的（instinctive），專業倫理卻是具體詳細（specific）且明確的（explicit）（Freeman, 1997；引自萊素珠，2007）。本節特別針對「中華民國幼兒教育專業倫理守則」及「幼兒園教保服務人員工作倫理守則」，提供各種不同教保實務題材作為專業倫理課堂教學之應用，以下透過實際幼兒園案例的倫理思考，其中涉及角色分析、問題澄清與處理策略。

一、對幼兒方面（服務倫理）

為了讓社會大眾認同幼兒教保是一種專業工作，專業倫理的建立與自我要求即是重要的條件之一。特別是教保服務人員面對一群無法為自己權利辯護的幼兒時，要體認自己的工作是一種道德行為活動，進行任何策略時都須以幼兒的福祉為念；並以促進幼兒發展為終身職責，不斷自我增長相關知能，以保護幼兒安全健康成長。

慢飛天使

小飛是爸媽的獨生子，自然凡事都對他呵護備至。上了幼兒園後，老師發現他不但個子比同齡的孩子小，且學習狀態也有跟不上的傾向。於是，老師便試著和家長溝通，並建議帶小飛去請醫生評估是否應進行治療。

剛開始爸媽始終覺得孩子沒有問題，應該大一點便會開竅，直到小學三年級，國小老師和安親班老師也都發現小飛的確在學習上有困難。

數學方面他連簡單的加減法都不會,更不用說需靠理解的應用題目了,還有國字也都是過目即忘!此時,爸媽不得不正視這個問題,但是卻也延誤了對孩子早期療育的運作和協助。

資料來源:案例由呂依蓁提供。

小飛上體能課時,不敢嘗試沒玩過的遊戲。

幼兒園老師發現小飛總是跟不上大家學習的步調。

老師盡力溝通,但是家長卻仍然堅持只要孩子長大情況就會好轉!

唉！老師真的不知如何
是好？？？

直到小飛上了三年級，
仍然需要爸媽協助才會
穿鞋、拿書包，令他們
很困擾。

醫生仔細診斷小飛的發展狀況，證實為發展遲緩，卻錯過早期療育的最佳時機。

（案例圖畫由褚玉璇提供）

（一）倫理思考

- 原則 1-5：我們應知道早期療育系統之運作過程，能及早發現、通報、轉介及給予相關的協助。【幼兒倫理原則】

- 1-1-1：我們應該尊重並接納每位幼兒及其家庭的獨特性，並依其背景、經驗及特質，調整與其互動的方式及內容，以符合每一位幼兒的最佳利益。【服務倫理原則】

- 1-2-2：我們應該以幼兒的最佳利益為考量，視幼兒的個別需求，提供公平而適足的教保機會及教保資源。【服務倫理原則】

- 1-3-3：我們應該主動向家長說明教保服務方式及內容，並提供家庭有關幼兒接受教保服務成效的資料。【服務倫理原則】

- 1-4-2：我們應該關懷幼兒家庭在教保方面的特殊需求，必要時，協助或代為尋求專業服務。【服務倫理原則】

- 原則 2-2：我們應該讓家庭知道我們的辦學理念、政策和運作方式。【家庭倫理原則】

▪ 原則 2-3：如涉及影響幼兒權益的重要決定，我們要讓家長參與。【家庭倫理原則】

（二）處理策略

- 教保服務人員遇到特殊幼兒問題，應主動與家長積極溝通。
- 教保服務人員針對特殊幼兒問題，應適時地與園方共同提出解決方案。
- 多元蒐集幼兒在園內的訊息資料，作為親師溝通的工具。
- 安排家中有特殊幼兒的家長經驗分享。
- 老師和園方可提供相關的書籍或親職講座資訊，進一步幫助家長了解特殊幼兒發展特徵與教養方式。

二、對家庭方面（服務倫理）

　　家長和幼兒的關係最密切、影響也最大，因此家園需共負教導之責，拉近親師的距離，凝聚家長的團結力量與共識。親師須一起成為教育幼兒的合作夥伴，園方漸成為家庭幼教資訊的提供者，進而與家園教育銜接配合，這是幼兒園教育努力推廣的領域之一；讓家長能得到再教育的機會，使家長成為更稱職的父母，也是教保服務人員對於家庭專業倫理的重要責任。

孩子身上有傷，不是我用的？

　　靜怡在家是獨生女，而且爸爸與媽媽年齡相差很大，所以老來得子。靜怡家裡成員不多，是個單純的家庭，媽媽是越南新住民，由於爸爸的工作時間比較長，因此教保服務人員在靜怡學習上有問題幾乎都是聯繫媽媽。

　　有一次靜怡回家時，家長發現她身上有瘀青的情形，馬上問

小孩傷怎麼來的。小孩回答是老師捏她，因此媽媽非常不能理解，也氣得找老師理論，老師與園方當下即向家長解釋釐清與安撫，但始終無法平息家長的怒氣。最後，老師、家長一同帶著孩子到醫院驗傷，醫生檢查結果確認不是捏傷，而是果樹的樹汁沾到，然而事件結束後，家長也未向老師表示歉意，但老師也並未因此事對孩子生氣，反過來是媽媽會不定時偷看孩子上課情形，讓老師覺得不知如何是好。如果你遇到這樣的家長該如何是好？

資料來源：案例由潘梅碧提供。

（一）倫理思考

- 原則 1-2：應公平對待幼兒，不因其性別、宗教、族群、家庭社經地位等不同，而有差別待遇。【幼兒倫理原則】

- 1-2-1：我們應該公正公平的對待幼兒及其家庭，不因其族群、性別、個性、文化、語言、宗教、經濟或社會背景等因素而有歧視。【服務倫理原則】

- 原則 1-3：我們應了解幼兒的需要和能力，創造並維持安全、健康的環境，提供適性發展的方案。【幼兒倫理原則】

- 1-4-1：我們應該與家庭建立合作夥伴關係，並透過各種方式與家長溝通，提供相關的教保及親職資訊，支持父母或監護人的成長，以扮演合宜的父母或監護人的角色。【服務倫理原則】

- 原則 2-1：應尊重每個家庭之習俗、宗教及其文化，並尊重其教養的價值觀和為幼兒做決定的權利。【家庭倫理原則】

- 原則 2-2：我們應該讓家庭知道我們的辦學理念、政策和運作方式。【家庭倫理原則】

- 原則 2-7：當家庭成員對幼兒教養有衝突時，我們應坦誠地提出我們對幼兒的觀察，幫助所有關係人做成適當的決定。【家庭倫理原則】

（二）處理策略

1. 允許家長在教室外或進班觀課，課程進行中讓孩子有表現的機會，並加以讚美。但是，須顧及其他孩子的權益，也要讓家長體會老師仍重視、愛護任何一個孩子。

2. 平時多加讚美（如：你做的 ×× 很好！），讓孩子感受老師的愛心，做好平時親師溝通，也知道家長管教的界限。

3. 園方和老師應主動向家長說明校園平日的安全措施，讓家長有個台階下，也歡迎家長不定時探視。

4. 面對不同文化背景的家長，應尊重其對教養的認知差異，提供適性的親師溝通模式，以降低衝突（例如：向家長解釋幼兒語言發展階段語言表達的特性，以澄清幼兒說話的真實性）。

教保實務小叮嚀——親師的互信機制

在幼兒園，這種誤解情形時常出現，通常因與家長平時的互動與信任，都能讓事情平復，不過由於情境與人物的不同，讓事情有不同的處理方式。對於新住民的家長，因國情文化和語言的關係，需要更多的同理心及耐心。

三、對同事方面（組織倫理）

幼兒園內人際互動的關係經營與溝通是亟需多方努力的，了解一些原則可幫助掌握如何能有效經營職場的人際關係。教保服務人員在平行的同事關係中宜持開放誠懇的態度建立合作關係，以就事論事立場溝通解決問題，摒棄自私心態達到共同成長，共享專業知識、資源與經驗。

在與主管的關係，首先要站在園方立場傳遞訊息給家長，做好本身事務彰顯教保品質，循合理管道提供改善建議，以專業倫理精神為教保行為指標。

幼兒園領導者（雇主、主管）在與園內員工關係中，領導者可建立申訴或意見反映管道，鼓勵參與促進專業成長活動，營造正向、開放的組織氣氛，擬定合理的人事規章與考核制度，以及尊重教學專業自主權。

合班老師之水火不容

小美老師帶班已經好多年，一向很順利，孩子的行為習慣都表現良好且受到家長肯定，跟之前的拍檔也都能相安無事。但是，自從小音老師一來就變得不一樣了。

然而，小音老師卻也有滿腹委屈，例如想要進行主題教學，但小美老師卻不希望改變，教學的溝通往往無疾而終，一度還對小音老師惡言相向：「也不想想看我資歷比你深，真是太不懂得尊重前輩了，什麼開放教育，根本是一點原則都沒有，只知道一味放縱孩子，怎麼可能把孩子教好？」為了不影響班級氣氛，小音老師一直隱忍住情緒，心情卻一直處在緊繃的狀態之中⋯⋯

園長認為小美老師是個負責任的資深老師，在教學上很有自己的想法及原則，不過有時想法沒有與時俱進而容易陷入固執己見。現在調來一位比較年輕、教學有彈性的老師，之所以故意把她們安排在同一個班，就是希望她們能互相學習，相信她們的合作對幼兒會很有幫助的。剛開始，還認為家長也很滿意這樣的安排，孩子在不同特質的老師身上確實進步很多，但是一學期下來，她們卻沒有辦法良好的合作，只徒增園長、同事、孩子與家長的困擾。

資料來源：張純子（2008）。

（一）倫理思考

- 原則 3-1：我們應與工作夥伴共享資源和訊息，並支持工作夥伴，滿足專業的需求與發展。【同事倫理原則】

- 2-1-4：對機構及其工作人員有任何建議或疑慮時，我們應該先了解狀況並掌握事實資料，並可循行政管道，依實陳報或反映意見。【組織倫理原則】

- 2-2-2：我們應該秉持公正的態度與工作人員溝通，不因個人情誼或成見而態度偏頗，並避免在幼兒或公眾面前批評或譴責工作人員。【組織倫理原則】

- 2-4-3：我們應該主動關心新進及資淺工作人員的需求，提供學習機會及資源，協助其具備專業知能及態度。【組織倫理原則】

- 2-4-4：我們應該與同事共同建立對於工作分配、權利及義務的共識，並據以執行；為求幼兒的最佳利益，我們應該與幼兒需求相關領域的工作人員協調合作。【組織倫理原則】

- 原則 3-2：當我們對工作夥伴的行為或觀點覺得擔心時，應讓對方知道我們的擔憂，並和他一起以專業的知識和判斷解決問題。【同事倫理原則】

- 原則 3-3：我們應與工作夥伴共同討論、分工，並接納工作夥伴給予的建議，並適當地調整自己。【同事倫理原則】

（二）處理策略

1. 當發現同事處理班級經營的方法與自己有所差異時，應要適時提出自己的看法。
2. 應該練習客觀表達有關同事個人特質或專業行為的觀點，所做的陳述不應該加入個人觀點，應只談論與幼童和任職機構權益有關的事項。
3. 利用「教學會議」與同事們進行「專業倫理案例」對談，可

為人際溝通奠定理性的基礎。切勿倚老賣老，要朝一起共擬
解決問題方法的模式。

四、對社區倫理方面（社會倫理）

教保服務人員除了教導幼兒之外，同時也肩負教導家長與社會
大眾的責任，其應體認自己是社會工作者、進行社會再造的知識分
子，對於幼兒的成長負有社會面向的倫理責任。更重要的是，教保
服務人員也要負起監督幼教機構教養品質的責任，以導正當前過度
市場化的教保服務亂象，讓幼兒有安全、健康且友善的教保環境。

孩子沒搭上娃娃車——是誰的責任？

放學時間，司機開娃娃車到校門口等待小朋友下課，等待時
司機趁空檔去上廁所。此時，班導師將要搭車的小朋友交給隨車
老師，隨車老師帶著小孩繞到娃娃車後方，來到車身的另一頭後
孩子們隨即上車。司機上車後都會詢問隨車老師：「小朋友都上
車了嗎？」老師即回答：「嗯，全都上車了。」於是司機就會啟
動車子送孩子們回家。

在快到小明家的前一站，司機提醒隨車老師：「下一站是小
明要回家囉！請老師幫小明檢查東西是否都準備好。」此時，老
師卻說：「小明今天沒有上學。」但是司機表示：「早上有接小
明上學，是否已被家長事先接走了？」第一時間隨車老師打電話
回幼兒園確認小明今日是否有上學，是否還在校園裡只是未坐上
娃娃車？結果班導師回應：「他已經排隊搭上車了。」隨車老師
表示「小明不在娃娃車上，請園內老師協尋他是否在園內」，經
回報才確定小明不在幼兒園內。

　　當下，主任已緊張到不知所措，請幼兒園的所有老師於園區附近協尋孩子。約找尋了三十分鐘後，都未找到小明；有老師提議是否要報警並與家長聯絡及告知。班導師因害怕堅持不要先報警，請大家再出去找找看，也許就在附近。

　　經同事不斷的道德勸說，主任才打電話告知家長此時事情發生的現況，家長表示先由園方備案，隨後立刻到園進行了解。同時園方也打電話到警局，警方說要親自到派出所備案才能經手，所以主任和班導師親自前往派出所，結果竟發現小明正安靜的坐在派出所裡。他們向警方表明此孩子是學校的孩子，警方得知後非常生氣的指責老師怎麼會讓孩子自己跑到外面，而園裡上上下下卻都不知道這個孩子已經不見了！

資料來源：案例由高清香提供。

（一）倫理思考

- 原則 1-3：我們應了解幼兒的需要和能力，創造並維持安全、健康的環境，提供適性發展的方案。【幼兒倫理原則】

- 原則 2-4：如有意外或特殊狀況發生時，我們應即時讓家長知道。【家庭倫理原則】

- 原則 3-2：當我們對工作夥伴的行為或觀點覺得擔心時，應讓對方知道我們的擔憂，並和他一起以專業的知識和判斷解決問題。【工作夥伴間倫理原則】

- 3-2-2：我們應該在建立及執行所屬專業組織的政策時，注意幼兒教保的整體利益。【社會倫理原則】

- 3-4-2：我們應該主動與社區交流，互通資源，建立與社區的互惠網絡。【社會倫理原則】

- 原則 4-3：當我們有證據顯示機構或同事違反保護幼兒的法令規

定時，應先循內部管道解決；若在合理的時間內沒有改善，應向有關當局舉報。【社會倫理原則】

（二）處理策略

1. 注意並妥善照顧學童安全與健康，避免身體、心理受到傷害，並做好安全叮嚀。
2. 關於沒有達到學校標準的員工，應告訴他們缺點所在，必須加以改進。
3. 熟悉並正確利用可幫助幼教機構的社區資源及專業性的服務，例如：社區警局連線服務與巡邏系統，若遇緊急事件應隨即啟動應變之相關措施。
4. 當事件發生，機構內同事因恐懼不敢面對時，首先應讓他知道大家的關心，並尋求共同解決問題的方法。

教保實務秘笈——交接與銜接的重要性

很多幼兒園的意外事件經常發生在交接斷層，產生「三不管」現象，而「三不管」即「危機之所在」，往往狀況發生時卻無人承擔。以下提供本案例之注意事項：

1. 班導師要做到確認孩子交給隨車老師的點名機制。
2. 隨車老師上車後、開車前，須再次確認每位孩子都上車。
3. 老師須考慮孩子個別差異（新生、發展遲緩、注意力不集中的孩子……），留意是否確實排隊上車。
4. 班導師因害怕堅持不要先報警之錯誤認知，可能因此延誤處理事情的重要時機。
5. 園方要擬定一套面對危機處理的方法。

「意外出於疏忽，疏忽來自習慣」需謹記在心，某些事發生是無法重新來過的，有如「覆水難收」。「交」與「接」要銜接好，會有加分效應，否則需費時修補，勞心勞力又勞神。在此提供三項建議如下：

1. 教保服務人員應沉穩行事，按部就班，交接清楚，延續執行，有始有終。

2. 凡事主動或事先安排好銜接的工作、交辦、代接、接替等事。

3. 組織成員必須互動良好，培養好默契，提高工作效率。

第四節 ▪ 系統／反思個案研究法

本節教學方法以案例為中心，應用「系統／反思個案研究法」（systematic/reflective case study method），引導學生進行道德思辨。由於教保專業工作的相關議題往往沒有固定的標準答案，因此，嘗試了解幼保工作現場的專業倫理兩難經驗，以及幼教專業倫理守則在兩難情境中的應用情形，除了學習運用個人智慧判斷外，也可採分組討論、辯論方式進行教學活動，運用集體的力量尋求解決。期待透過這樣的學習歷程，讓兩難困境的議題能有多元角度的思考，對問題的了解能愈趨周全。

一、教學目標

教保服務人員在實務現場中遇到的一些兩難彷彿是天平的兩端，擺動中的一端可能是園所利益、主管權威，另一端則都是幼兒權益。塵埃落定後，幼兒權益常是這場拉鋸戰的輸家，更讓人深思

Eisenberg 的提醒：「當一個工作團體對其服務對象的權責或影響力愈大時，倫理就愈重要。因此，當執行某種職業行為對服務對象或專業人員的風險愈大時，愈需要專業倫理規範。」（引自 Katz, 1995/2002）

引用 Freeman（1997）發展的「系統／反思個案研究法」，透過此個案研究方法了解教保專業倫理守則的運用，正是用來落實倫理守則於「幼兒教育現場」的一種方式。其目標在於：(1) 幫助現場的教保服務人員學習以系統性、分析性的方式，去面對教學現場中曖昧不明的情形與挑戰。(2) 藉著此一個案研究方法，幫助現場的教保服務人員辨識教學中的複雜性且珍視反思的價值。(3) 能有效地將倫理守則運用在問題情境中。

二、系統／反思個案方法之運用

專業倫理兩難的議題，透過倫理守則的澄清之後，參與者不僅初步了解如何運用倫理守則於教保現場之中，同時藉由選擇更周全的行為方式過程，發現整個討論能有「集思廣益」、「看見多元觀點」的功能（萊素珠，2007）。經過這樣的討論過程，深信「專業倫理守則」在幼保領域是重要的，提升教保服務人員運用守則的能力減少現場的兩難，讓行動有所依據是幼兒師資培育者責無旁貸的使命。建議透過這一系列專業倫理相關討論，嘗試了解「倫理兩難情境」當事者的信念與行動，希冀能得到概念的澄清、受益。

系統／反思個案研究法之運用步驟如下：

1. 針對兩難情境案例寫下第一個反應，也就是當下處理此問題的第一種直覺方法。

2. 指出這件事中的關係人是誰？如果事情按照這樣處理，這些人會怎樣？

3. 每個人針對這事件，要找出這件事中的「關係人」所可能牽

扯的議題。

4. 腦力激盪所有可能的方法。

5. 將所有想到的方法，一個一個和倫理守則對照，檢視哪一個方法是可接受的，哪一個是不行的？最後的決定是依據守則的哪一部分？（萊素珠，2007）

　　教保現場的時間壓力與多元複雜的脈絡關係，使得教保服務人員身處實務傾向於直覺式、印象式之解決策略，鮮少涉及統整或審慎的認知歷程（黃瑞琴、張翠娥，1991）。在這樣的情境下，一旦面臨兩難困境時有一套可依循的準則進行判斷，才能避免幼兒成為個人價值判斷下的犧牲者。

三、課堂教學應用案例

孩子受傷了──是誰的責任？

　　某天下午家長來接小玲回家，值班老師廣播請她下樓，等了好一會兒，卻看見她手摀著頭，哭喪著臉。原來是她頭撞了一個大包，園長看見趕緊問小玲後才知是跌倒撞到的。經由班導李老師安撫後，交由家長並請回家留心觀察；隨後，園長即詢問助理小玲是怎麼受傷的？然而，助理卻表示她也不清楚。

　　待李老師下班時，園長又再問一次。李老師回應：「收書包下樓梯時還好好的，並未有受傷狀況！」園長請李老師致電家長關心小玲的狀況，當晚助理仍掛心小玲傷勢，即致電園長想進一步了解受傷情形，但卻無結果。

　　第二天助理觀察小玲傷勢後，馬上發現額頭正中央眉心處腫脹瘀青嚴重，鼻腔內有血漬覺得嚴重，即建議通知家長帶去看醫生以確定傷勢。李老師也認同即撥電話通知，事後家長又打電話告知園長李老師給他們的建議，但園長不但表示不認同李老師的

做法，還對於李老師「自己私下致電請家長帶孩子看醫生」一事表示非常生氣。認為「此事件處理的方式若再發生，學校將不負責，一切由老師自行處理善後」……

資料來源：案例由黃際芬提供。

應用步驟

1. 依據上述個案說明倫理兩難的情境：在兩種或兩種以上互相衝突價值的情況下，當事人很難決定該採取或表現哪一項行為，或該下哪一項決定？
2. 說明倫理兩難的困擾問題，並依前述的五個步驟找出解決的策略。

▍結語 ▍

倫理學首要任務在對個人與人群的行為進行反省、分析、評價與發展道德規範的標準，不僅探索道德思想合理性，也探索行為正當性。理想的倫理教育，「始之於自覺，終之於自得」，旨在喚起倫理行動者自發而樂於行動的意志，誠敬的待人接物與任何事。真正的倫理教育不能只著重倫理知識的傳授，也非被要求或要求別人遵行倫理教條卻不明所以，而是要能激勵人的內心，並傳之充塞昂揚的行動意志（王立文等人，2005），即是一種實踐的倫理。

「專業倫理」在不同的教保情境與個案都扮演著重要的角色，更可應用幼兒發展與教育的理論，使教養孩子的過程更加專業、正確和有效，讓孩子得到最大的利益。綜合本章所述，針對「服務倫理」、「組織倫理」與「社會倫理」配合案例運用，嘗試讓幼教保科系學生了解實務工作的專業倫理兩難經驗，以及幼兒教育專業倫

理守則在兩難情境中的處理策略。除了讓學生運用個人智慧判斷外，也採分組討論、發表及體驗方式進行教學活動，運用集體的力量尋求解決。期待透過這樣的學習歷程，讓兩難困境議題能有多元角度的思考，對於問題的解決能更趨周全。

▌問題與討論▌

1. 請說明我國「幼兒教育專業倫理守則」包含哪些內容？並比較美國 NAEYC 的「幼教專業倫理守則」以及我國「幼兒園教保服務人員工作倫理守則」三者內容之間的相同與差異。
2. 依據本章「孩子受傷了——是誰的責任？」案例，運用「系統／反思個案研究法」的運用步驟練習之。
3. 案例討論之後，請參與者分享反思以下事項：是否發現事情較原來想的複雜？整個討論的過程有沒有幫助？倫理守則對你有沒有幫助？
4. 在幼兒園務行政中存在許多「倫理兩難」困境，讓園長左右為難，需要以更大的智慧做有效的處理。請小組訪談一位幼兒園園長，並以幼兒園中曾發生過的專業倫理兩難案例為參考，設計相關的戲劇活動以小組方式在班級演出，並探討其中倫理兩難困境的處理方式。評析「兩難困境」的成因與應有的倫理決定行為：
   (1) 倫理兩難案例。
   (2) 成因評析。
   (3) 園長應有的倫理決定行為。
5. 嘗試討論與統整出：一位好的教保服務人員應該具備什麼樣的人格特質與信念呢？

▌參考文獻▌

中文部分

王立文、孫長祥、仲崇親（2005）。倫理與通識。文史哲。

中華幼兒教育改革研究會（2001）。「邁向專業的老師——幼教專業倫理工作坊」研習手冊。作者。

自由時報（2022 年 1 月 27 日）。中市幼兒園爆不當管教 教保員已解僱、校方持續調查。https://news.ltn.com.tw/news/life/breakingnews/3815044

李建璋（2011）。兒童性侵害評估。台灣醫界，**54**（5），257-260。

谷瑞勉（1999）。幼稚園班級經營。信誼。

林佩蓉、陳淑琦（2004）。幼兒教育。國立空中大學。

武藍蕙（2004）。幼兒教保專業倫理。群英。

周品攸（2020）。幼兒園老師竟用大頭針刺幼兒！孩子被不當體罰，家長可以這樣反擊。嬰兒與母親。https://www.mababy.com/knowledge-detail?id=8338

胡中宜（2011）。學校社會工作實務中的倫理兩難。**教育心理學報**，**4**（42），543-566。

張純子（2016）。「生命關懷」融入技職院校「教保專業倫理」課程之行動研究。**新竹教育大學教育學報**，**33**（1），141-175。

張純子、洪志成（2008）。幼兒教師之情緒勞務——勞心勞力的脈絡情境分析。**國立台南大學教育研究學報**，**42**（2），45-65。

陳鳳卿（2009）。台灣教保人員面臨的專業倫理兩難問題。載於曾火城等（合著），**幼兒教保專業倫理**（頁 10-1～10-52）。華格那。

萊素珠（2007）。以「系統的／反思的個案研究法」初探幼兒專業倫理兩難。台中教育大學學報，**20**（2），63-80。

黃瑞琴、張翠娥（1991）。幼兒教師教學的實際知識。載於台灣省第二屆教育學術論文研討會論文集（頁 1-25），新竹。

葉郁菁（2004）。規訓與懲罰——幼兒教室中的權力關係與倫理爭議。載於林建福（主編），**教育專業倫理（2）**（頁 117-146）。五南。

劉豫鳳（2009）。國內教保人員專業倫理思考的發展脈絡。載於曾火城等（合著），**幼兒教保專業倫理**（頁 3-1 ～ 3-36）。華格那。

Katz, L. G.（2002）。與幼教大師對談——邁向專業成長之路〔廖鳳瑞譯〕。信誼。（原著出版年：1995）

Strike, K. A., & Soltis, J. F.（1999）。**教學倫理**〔林延慧、張振華譯〕。桂冠圖書。（原著出版年：1992）

英文部分

Dolgff, R., Loewenberg, F. M., & Harrington, D. (2009). *Ethical decisions for social work practice* (8th ed.). Brooks/Cole.

Freeman, N. K. (1997, September). Mama and Daddy taught me right from wrong–Isn't that enough? *Young Children, 52*(6), 64-67.

NAEYC (1998, January). Using NAEYC's code of ethics. *Young Children, 53*(1), 64-67.

NAEYC (2005). *Code of ethical conduct and statement of commitment.* http://www.naeyc.org/about/positions/PSETH05.asp

NAEYC (2008). *Code of ethical conduct power point presentation.* http://www.naeyc.org/ece/doc/EthicsCodeCeneralSession

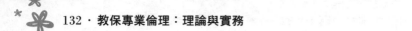

CHAPTER **5**

教保專業倫理融入之
相關議題

　　許多研究顯示可以將相關議題融入專業課程，融入的方式可以採取直接或間接的方式。從專業倫理學的角度來看，專業倫理教育可採取融入式課程設計，以融入「生命教育」為例，教保專業倫理教學不應只將相關議題提出來，或者將法律條文或規範做說明而已，還可以將專業倫理知識與教師本身的生命經驗相結合，才容易引起共鳴，易將所學落實於生活中並提升心靈成長，充實生命內涵。

　　本章分為五節，首要論述何謂「融入式課程」及其意涵、課程的設計與實施；接著陸續提出融入「生命教育」、「教學情緒」、「多元文化教育」和「班級經營」等議題。透過教保專業倫理「主軸課程」重新詮釋或建構，有助於同時習得主軸課程和融入議題的雙重認知。

第一節 ▪ 融入式課程

Brinckerhoff（1985）和 Jarcho（1985）曾將「融入式」取向定義為將某些小單元或議題「安插入」（insert into）既有課程教材的方式，其優點是對既有標準課程干擾最小，教師又可以自由添加希望融入的新議題。但是當要將議題融入專業倫理課程時，必須要面對的是，哪些課程適合融入？以及如何融入？以下就進一步來了解融入式課程意涵、設計與實施及其相關研究。

一、「融入式課程」之意涵

所謂「融入式課程」（infused curriculum）意謂分解某一基本學科，而融入式教學精神在於「轉化」知識而非「額外添加」。轉化取向課程的實施，即是將整個課程重新概念化，使所需要課程內容轉化為另一個領域的一部分，兩者統整為一個新的課程架構（林碧雲、莊明貞，2001）。換言之，是將適當的認知概念、態度與技能，適時地選擇主題，以融入某一學科或領域中的一種統整課程設計取向（蔡明昌、吳瓊洳，2004；Banks, 1994）。例如：專業科目融入「生命教育」是指教師基於課程創新的需要，將生命教育的內涵所包含的五大向度：「人與自己」、「人與人」、「人與環境」、「人與自然」、「人與宇宙」採取融入式課程，因此通常是在原先選用的教科書中，抽出若干單元，調整其課程內容、知識結構內容、知識結構與組織情境脈絡，再以生命教育的核心概念設計主題統整教學單元來補足。換言之，融入式課程是以突破教學內容全面性的方式，生命教育也才能徹底實施（鈕則誠，1999）。

雖然，方德隆（2000）指出，擔憂這種融入式課程知識可能會被稀釋、甚至邊緣化，而淪為泡沫式融入。然而，多元文化學者

Giroux（1988）卻以後現代的觀點提出不同見解，他認為在多變、不可測的年代中，課程發展不宜再以直線性規劃的思維將之看成固定不變的教材內容，而是應將課程轉變為一種動態生成的歷程。在此後現代的課程發展典範支持下，教保專業倫理應加入相關議題。例如：「生命教育」此一議題不一定要在學校教育內的單設學科，若教師具有融入課程設計與教學的專業能力及足夠的敏感度，能真正將生命教育議題融入或轉化至現有學習領域或科目中，反而容易培養學生在各個不同學習領域中生命教育的理念。

二、融入式課程的設計與實施

黃政傑（2005）具體提出五種融入式課程型態，第一種是把融入議題當成一個獨立的科目施教，它比較像是「獨立設科」。第二種是「附加的型態」，其做法是在現有的學科添加入一個或數個單元。第三種是把社會議題徹底融合到所有學科單元中。第四種型態是以學校課外活動的方式進行教學。第五種型態是利用校園及教室環境布置等潛在課程，將相關議題融入其中。

參考徐敏雄（2011）「社區大學新移民議題融入媒體技巧課程」的研究，介紹四大類融入式課程型態以及三種課程設計策略：

（一）融入式課程型態

1. 單元附加單元：操作方式是由主要課程中，加入一至數個特定議題或單元。
2. 單科徹底融合：操作方式是由主要課程將特定議題，不著痕跡地徹底分散至學期所有課程單元裡。
3. 多學科附加單元：操作方式是同一學期內，由不同科目的授課教師圍繞著同一融入議題設計課程，教師們可加入一至數個特定議題或單元。

4. 多學科徹底融合：操作方式基本上與「多學科附加單元」相仿，不同的是，它強調整學期主軸課程都要融入特定議題。

（二）融入式課程設計策略

1. 將「融入議題」視為具體化或深化「主軸課程」的元素：此一融入策略是在教師主軸課程上，添加入社區實體元素，讓主軸課程的學習可以更貼近生活世界，甚至發現個人經驗與社區實體之間的新關聯。

2. 將「融入議題」視為可透過「主軸課程」重新詮釋或建構的對象：此一融入策略也是在主軸課程上添加入社區實體元素，不同的是它將主軸課程和融入議題要素均視為可重新詮釋或建構的動態，而非靜態實體存在。

3. 將「融入議題」視為可透過「主軸課程」培養師生自我反思能力的素材：與第二種融入策略相仿，第三種融入策略也是在主軸課程中添加融入議題，並強調融入議題與主軸課程的對話。但不同的是，此項策略更重視授課講師和學習者一同在課程進行中透過主軸課程和融入議題的碰撞，反思自身各種價值預設和實踐行動的合理性／矛盾性，而非如同第二種策略般只將經驗與知識的反思任務設定在學生身上。

（三）融入式課程設計程序

楊冠政（1998）指出，美國威斯康辛教育廳在 1985 年頒布的環境教育課程規劃指引中，建議下列八個步驟的融入過程：(1) 選擇適當的主題；(2) 選定教學科目及單元；(3) 發展教學目標；(4) 編製教材內容融入原有教材；(5) 發展新的過程技術；(6) 增加新的過程技術；(7) 增加新的教學資源；(8) 蒐集活動及建議新的活動主題。

2000 年之後，諸如劉建人與張淑美（2010）的生命教育，Ametrano 等人（2002）的諮商教育，及 Park 與 Cordero（2010）、Cordero 等人（2010）的健康教育等相關論述或研究中，雖然甚少如同 Laughlin 與 Engleson（1982）那樣詳細討論融入式課程的內涵，但就課程操作原則來看，依然是強調將正規教育外的特定議題統整（integrating）入既有課程，使學生在學習例行必修課程時能同時涵養特定議題的知識技能。

三、融入式課程之相關研究

從上段文獻來看，既有研究多將融入式課程設計視為透過添加新議題到既有課程或學習活動，使教師可以在不另外開一門新課程的情況，協助學生從多元的角度反思同一個議題，或將各種專業知能實踐於現實生活。

由過去融入式課程的實證研究（徐敏雄，2015；張純子，2016）也可以看出將生命價值、性別或死亡議題設定為「融入議題」，將之融入環境美感教育（李雅婷，2022）等「主軸課程」的做法。這些研究都發現，融入式課程不僅有助於學習者反思或操作既有正式課程所想要傳達的知能，融入議題的核心精神也經常可以展現在師生日常生活或學習者的作業或作品上。特別是，具行動研究特色的融入式課程操作，更能強化教師專業知識和教學環境的反思能力（張純子，2016；劉建人、張淑美，2010）。此外，Ametrano 等人（2002）的研究也可以看出，將多元文化要素融入諮商教育課程，十分有助於學生在學習諮商技巧時一併涵養性別、種族、族群等社會差異的覺察力和同理心。表 5-1 為近年融入式課程之相關研究。

表 5-1　近年融入式課程之相關研究

研究者	年代	論文名稱
蔡明昌、吳瓊洳	2004	融入式生命教育的課程設計
洪志成	2007	關懷德行融入國小教學策略：與關懷對象共舞
劉建人、張淑美	2010	生命教育「倫理思考與抉擇」融入技職院校「資訊倫理」課程之教學省思
徐敏雄	2015	台北市萬華社區大學融入式課程實踐歷程之研究
張純子	2016	「生命關懷」融入技職院校「教保專業倫理」課程之行動研究
蕭佳純	2018	創造力融入式課程對學生創造力成長趨勢影響之縱貫性分析
張如慧	2021	性別平等教育融入師資培育專業課程的教學轉化研究：以兒童發展課程為例
李雅婷	2022	環境美感素養融入式課程發展研究
Ametrano 等人	2002	Multicultural infusion in the counselor education curriculum: A preliminary analysis
Krout 與 Wasyliw	2002	Infusing gerontology into grades 7-12 social studies curricula
Park 與 Cordero	2010	Impact of curriculum infusion on college students' drinking behaviors
Tolbert 與 Daly	2013	First-year engineering student perceptions of creative opportunities in design
Katz-Buonincontro 等人	2016	An exploratory pilot study of student learning experiences in engineering technology courses designed to promote creativity
Garner 等人	2018	Innovations in science education: Infusing social emotional principles into early STEM learning

資料來源：作者自行整理。

在融入式課程型態的選擇上，本章節介紹的課程操作形式確實可以提供未來有意操作融入式課程參考。至於融入式課程操作策略的使用上，徐敏雄（2011）指出，「只有運用將『融入議題』視為具體化或深化『主軸課程』元素的方法」，但就實質課程運作的過程來看，只要授課教師能在規劃融入議題時能搭配熱絡的團體討論和具友善競賽氣氛的團隊實作，隨時關切各組學生團體實作進度與困境並適時給予鼓勵協助，還是有可能引導學員在團體實作和討論過程中產生知識重新詮釋的效果，甚至激發教師自身行動中反思的能力，亦即上述研究發現「融入議題」與「主軸課程」融合一起的課程設計模式，將有助於同時習得主軸課程和融入議題的雙重認知。

第二節 ▪ 生命教育

專業倫理學是一門可以跨領域整合的課程，教保倫理教育也因為所產生的問題日益受到重視，教保倫理課程重點是在培養獨立思考反省面對兩難問題的思辨及道德抉擇能力。把生命或價值教育融入至高等教育中是必然的趨勢，本書作者張純子（2016）對「生命關懷」融入技職院校「教保專業倫理」課程之行動研究已開始這方面的努力，試圖經營一個開放的師生互動與對話的空間，將適當的幼兒園個案實例作為資源，讓學生在討論與思辨中對教保議題更深入了解生命的價值與意義，以培養分析與解決兩難問題的道德判斷能力。

一、生命教育內涵及領域

所謂生命教育，吳武雄（1999）認為生命教育是統整過去分散在各課程中，攸關生命內涵與生命智慧，透過教學與體驗而達成建

立樂觀進取的人生觀過程。孫效智（2009）從哲學的角度論述，認為生命教育應幫助學生探索與認識生命的意義，發展個人獨特的生命並活出天地人我、共融共在的和諧關係。廣義的生命教育目的，在於希冀透過全國性校園生命教育之推動，以落實全人教育及終身學習之教育願景（黃雅文，2005）。

孫效智（2009）指出，生命的意義是指「深化人生觀、內化價值觀、整合行動力的一種有關人之所以為人的意義、理想與實踐教育」。生命教育本身就個體而言，是關乎全人的教育，目的在促進個人生理、心理、社會、靈性全面均衡發展（Ron, 2000）。根據諸位學者（孫效智，2009；張新仁等人，2006；陳立言、林耀堂，2006）提出生命教育的四大核心領域課程如下：

（一）終極關懷與實踐領域

涉及人生最終極的課題，包含了必死的人生究竟有何意義、如何去開創具有意義的人生哲學問題、死亡的省思與實踐的各種死亡教育課題，以及宗教教育課題等。

（二）倫理思考與反省領域

著重在生死兩點之間常面臨「有所為或有所不為」的探索，涉及倫理學或道德哲學的範疇，應開設三種不同層次的課程。第一層為基本倫理學與規範倫理學，以作為其他一切倫理課程的基礎。第二層為攸關所有人實踐價值觀養成的「應用倫理學」。第三層則是所謂的專業倫理，旨在幫助專業人員提升專業領域的道德敏感度，強化其專業倫理判斷及規範建構的能力。

（三）人格統整與靈性發展領域

屬於人的身心靈與知情意行等各層面，這個領域可以開設很多，其目標乃是要將知性的智慧連結到實踐貫徹，這些課程的目的

都是要從人格與心靈深處，幫助學生獲得內在的統整與靈性提升。

（四）體驗與實踐學習領域

體驗與實踐可以帶給人很多深層的反省，近年來「服務學習」（service learning）課程倡導是很好的例子，此外「探索學習」（project adventure）之體驗與內省教育及電影欣賞等課程，都能幫助學生從具體實踐與體驗中省思生命課題。

有鑑於近年來國內外有關幼兒園生命教育事件之衝擊，特針對生命教育與專業倫理課程作一探析。透過文獻分析，顯示生命教育透過教學活動，試圖讓學生從認識個人生命之起源，培養對生命的察覺敬畏心態，養成尊重生命的負責態度，體會別人和自己的生命同等重要，具健康的人生觀著重生命關懷整體發展，並能整合人生哲學與道德並提升生命層次。

綜上而言，生命教育不能只是一個口號或運動，目的是要協助學生了解人生的意義、目的、價值，珍惜、喜愛生命與人生，尊重自己、他人、環境及自然（張振成，2001），進而落實在正式與非正式的課程與教學之中，並培養整合知、情、意、行，以發展多元潛能並顯現其學習效能。

二、生命關懷取徑

所謂「生命關懷」就是關懷與尊重生命。學者認為生命關懷的落實扎根，必須透過教育系統由淺而深的課程設計，從幼兒園連貫到成人階段成為教育歷程的重要環節，這亦是生命關懷與生命教育之間的關係（黃義良，2000）。

微觀的分析，生命關懷是社會互動中彼此信賴、互惠以及和諧人際關係的關鍵因素，並幫助個體發展自尊、自信與情緒的良好基礎（孫幸慈等人，1999）。生命關懷課程包含整個人生的問題，

其規劃分為：人與自己、人與社會、人與環境、人與靈命，學生可以清楚認知自己在生命過程中扮演的角色，理解人必須先要認識自己，再從自我推廣到社會，學習在社會中與眾人相處之道，以樂觀進取的態度面對人生，進而愛護人類生存環境也學習在生命中遇到困境時如何從宗教取得心靈慰藉。

關懷行為是生命教育的重要內涵，意指個體能體察被關懷者的心境而感同身受，真誠傾聽被關懷者的需求而給予適當反應。因此，同理心在兒童的生命關懷行為扮演重要的關鍵要素（Hastings & Zahn-Waxler, 2000），而且愈早介入愈好。不管是鉅觀著眼於社會生態或是微觀的個人人格發展，抑或考量及早建立生命關懷素養，「關懷行為」都是很重要的倫理學習主題，透過教育系統的規劃執行，應可實踐學生關懷行為之具體目標。

筆者透過本書提示教保專業倫理教育更應同時考慮社會環境與人性層面，面對新時代，善惡的單一判準已由多元價值的倫理思辨所取代。如同游惠瑜（2009）主張，專業倫理不能只是議題的分析判斷，專業德行的培養與建構也非常重要，故建議建構專業倫理教育的新方向如下：

1. 從「理性原則」的教導到「關懷關係」的學習。
2. 從建構「獨立的自我」到體會「互賴的我們」。
3. 關懷的能力與態度是專業的依靠與理想。

所以新時代的教保倫理教育，應協助學生面對兩難議題時，除了運用專業倫理原則進行道德抉擇，以促使個人具有開放心靈外，更應該能以理性、智慧、熱情，來與社群中的他人透過辯論溝通，彰顯正義與關懷的倫理核心價值（李琪明，2007；溫明麗，2006；賈忠婷，2005）。綜而言之，專業倫理教學不應只將相關議題提出來，或者將法律條文或規範做說明而已，還可以將專業倫理知識與教師及學生本身的生命經驗相融合，才容易引起共鳴，將所學落實於生活中並提升心靈成長、充實生命內涵。

第三節 ▪ 教學情緒

　　教保服務人員專業倫理信念或價值差異，可能與自身感覺的壓力、情緒及表現出來的行為間產生了連結效果。幼教工作者與幼兒園環境互動的個人反應教學情緒，係指教保服務人員其生理、心理、認知和情緒所產生的反應。這些反應包括執行教保工作時，照護幼兒、與家長和同僚之間的溝通問題、個人專業能力、對專業的期許及勝任等，所產生的情緒負荷與壓力。

一、情緒勞務的意涵與特性

　　情緒勞務（emotional labor）的論述由 Ashforth 與 Humphrey（1993）、Ekman（1984）、Hochschild（1983）、James（1989）、Morris 與 Feldman（1996）提出，情緒勞務強調的是牽涉處理他人感情，其構成要素為情緒表達規則（display rule），工作者促進與規範了公共領域的情緒表達；因此，情緒勞務成為其中的商品之一。身為第一線的服務人員與所扮演的角色，為求提升顧客滿意的目標，在工作組織的要求下必須控制自身行為以展現合宜情緒。

　　張純子與洪志成（2008）〈幼兒教師之情緒勞務——勞心勞力的脈絡情境分析〉研究發現，從情緒勞務的付出者與接收者的觀點定義中，是以與顧客高度接觸的第一線工作者（教保服務人員），來作為情緒勞務的付出者，而情緒勞務的接收者即是這些工作者所面臨的外部顧客，是指購買商品或接受服務的顧客（家長與幼兒）；而內部顧客則指的是組織中的成員（同事、主管）。

　　鄔佩君（2003）、Morris 與 Feldman（1996）、Putnam 與 Mumby（1993）的研究又更廣義說明，凡是工作中發生人際關係與情緒互動的過程時，為了完成組織任務就會產生情緒勞務。因此，與組織

中的行政管理人員所產生的互動關係，也是一個需要值得關注的焦
點。

　　本書對象是教保服務人員，亦即在幼教機構中面對幼童的第一
線工作人員，根據 Hochschild（1983）的分類，是屬於第一類專業
性、技術性及服務性工作中的「學院及大學以外的教師」，與在第
五分類服務性工作中的「幼兒看護人員及學校監察員」，均屬專業
性及服務性工作之高情緒勞務工作者。Hochschild 依其情緒勞務的
定義對於情緒勞務工作者做分類，高情緒勞務工作者的工作績效、
工作滿足比低情緒勞務工作者低，且不快樂、較無自尊、較沮喪、
健康情形較差以及情感不和諧。

二、教保勞務工作之教學情緒

　　依 Hargreaves（1998）所言，教學是一種情緒勞務。
Hochschild（1983）提出三項研究符合情緒勞務的要求：第一，要
求與公眾面對面或聲音的接觸；第二，要求工作者面對顧客時，展
現特定的情緒狀態；第三，雇主對員工的情緒活動藉由訓練或監督
的機制做某種程度的控制能力。很顯然，教學符合了前兩項標準，
像對老師而言的第三項標準「外部控制」，則是以文化期待的模式
出現，通常對於教師是微妙且間接的（Winograd, 2003）。因此，
教保服務人員每天與幼兒、家長、主管的互動，基於工作的需要必
須表現合於組織要求的行為，在很多的狀況下都必須控制、隱藏、
掩飾自己的情緒，而為組織帶來較佳的服務品質與顧客滿意度。例
如：教保服務人員每日與幼兒、成人的互動中，在很多情況下為滿
足家長服務必須超時看顧幼兒，以及必須面對家長不合理的要求或
批評（忍氣吞聲、壓抑生氣的感覺）；或者當教保服務人員面對幼
兒問題行為，或來自幼兒認知學習獲得的成就感（同理或關懷之
情），有時也都必須控制或掩飾自己情緒經歷的真實感受。而對於

前述第三項而言，可能依照幼教機構領導者及組織文化不同而有差異。例如：學校可能不會將情緒表現列為教師評鑑之一，但是領導者可能透過不同場合期望教師對兒童是同理親切的。

關注教師教學工作生涯中更寬廣的情緒，在教育方面對情緒的討論，可能不只有使人不安（例如：罪惡、羞恥、憤怒、妒忌、挫折）的負向情緒；也有愛的理念、關懷、信賴、支持等正面的情緒（Hargreaves, 2001）。然而，Heck 與 Williams（1984/1999）指出，教學是一種情緒上很容易枯竭耗損的職業。也有相關研究指出，一旦教師無法負擔教學工作所帶來的壓力，很容易產生沮喪、焦慮、暴躁等情緒上的反應，甚至可能在工作上會表現出缺乏熱忱、對學生不再關心的態度，更有教學厭倦及考慮離職轉業的想法（江文慈，2001；張純子、洪志成，2008，2009；郭生玉，1995）。

是以，幼教工作涉及大量的情緒勞務，在幼兒教育的制度中更有別於其他的教育體制，教保人際互動對象更為多元，包含幼兒、家長、行政人員、合班教師、同事等。如何維繫教保服務人員自我情緒展現與表達，以發揮符合幼兒發展且家長期待之服務品質。此情況之下，除情緒管理之外更需要涵養情緒智能，如此才能扮演好角色並有效地因應各種挑戰。

三、情緒智能的涵養

情緒的涵養除了內在個人小我的涵養外，外在社會的大環境，教育制度與行政配套措施也須包含其中，如此才能真正化解情緒壓力。

（一）小我情緒智能的涵養

1. 改變自我的認知，成為情緒的主人

應覺知自己是情緒的主人，自己可以管理情緒，可運用理情治療法，轉化不合理的想法或將不良的情緒表現昇華為良好的情緒表現。簡言之，當外在壓力源無法改變時，則需先改變自己，換個角度看事情，然後自我突破，如此必能峰迴路轉、絕處逢生。

2. 全方位系統思考，正向情緒創新局

學習全方位的系統思考、易位思考與轉化思考，發展健康的態度，凡事樂觀積極，往光明面去想，如此才有可能接受自己不能改變的事，並運用智慧去改變可以改變的事。不但要學會情緒管理，提高情緒適應（emotional adjustment），不成為負向情緒的奴隸，不在負面情緒的壓力漩渦中，並善用正向情緒能量，排難解紛、創造新局。

3. 減壓、尋找壓力釋放小撇步

情緒管理可避免情緒生病，更可創造正向情緒能量。負向情緒的處理策略很多，如寫出來、說出來、走出去、放下、轉念法、冥想、閱讀勵志書籍、音樂抒發、間接宣洩法、運動、按摩、肌肉鬆弛法或者在醫生指導下進行藥物治療等等。

4. 學修身，怒而不動，增益彼此

當察覺到自己生氣時，要試著讓對方了解你的感覺、需求、期望，如此才有可能使對方改變。再者，應進行主動、雙向、良性、建設性、情理法並重的有效溝通模式，以解開彼此心中的死結，暢通溝通管道。

5. 自我增能，因應各種挑戰

　　同樣的壓力事件或來源，每個人有不同的感受與處遇效能，關鍵在於能否不斷的自我增能（empowerment）、有效因應各種挑戰，才能勇於面對各種變遷迅速的環境挑戰。

6. 拓展人際關係網絡

　　人生不如意事十之八九，人生難免遭逢挫折，難免受到低潮憂鬱的入侵，保持忙碌雖可暫時跳脫鬱卒空間，若能建立各種人事物的支援網絡與支持系統，則能打開通往社會、文化、世界與心靈的道路。

（二）大我情緒智能的涵養

　　情緒智能的涵養除了內在個人小我的涵養外，外在社會的大環境、教育制度與行政配套措施也應一併考量，才能真正化解情緒的壓力。做法如下：

1. 健全體制與法令，降低外部壓力源

　　承受各種的外部壓力來源，除了依靠自我化解外，必須藉由健全行政體制與法令，建立組織支援系統。

2. 增權益能，參與創新好情緒

　　親師參與決策可善用同理心，彼此激勵鼓舞，維繫良好的人際關係，也可以建設性的運用正向情緒，在互信互賴的氣氛裡，腦力激盪產生更棒的創新作為與教學效能。

3. 建立支持性團體，遠離情緒競技場

　　在團體中，若能多傾聽一點、多同理一些別人的感受，則愈能受到眾人的歡迎，更能夠體諒別人，情緒生活也愈平順，自己也更能積極樂觀、自信勇敢的面對問題並解決問題（方紫薇，2002；吳

淑敏，2004）。其次，教育主管機關應整合相關醫療機構、心理衛生單位或生命線等單位，提供教育環境的支持系統或網絡。

4. 開設情緒管理課程，提升情緒管理力

吳清山與林天祐（2005）建議：「對於情緒勞務概念與實務有深入認識的必要，在師資培育與在職進修課程中，也需要加以規劃。」

5. 建立人文關懷的環境，減少情緒的耗竭

學校應加強學校、家庭及社區的合作，建立真誠實在、共鳴理解、相互尊重、彼此察覺、和樂協商、相互認同、信任、以對方為重心的人文環境，透過良好的親師溝通與合作，建立良善的親師生關係，以避免情緒的耗竭。

6. 營造優質的組織，滋養情緒的智慧

優質的組織係指尊重專業、追求卓越的組織，不但能營造正向的組織氣候與氣氛，使成員的情緒智能獲得滋養，更能讓成員自我激勵、身心健康並提升服務品質。

是以，應善用並將情緒智能融入教保專業倫理談論在「親師生關係、同儕關係、人際溝通、教學工作、行政參與、幼教機構經營與社區營造」等日常生活之中，以喜樂真愛的美好情緒教導學生，化情緒勞務為情緒能量，使教育充滿熱情與動能。

四、情緒管理與人際互動之關係

前段整理出有關情緒調節能力相關資料，提出教保服務人員出現情緒勞務可能導致調節不適當的狀態，會影響工作生活之重要性。藉由分析人際關係的涵義，找出現代網際網路人際互動間所隱含的關係，進而探討情緒管理與人際互動之相關性（曾雅婷，

2017）。

（一）正向的情緒管理促使人際關係的互動

因為一個人的思緒常常影響心理的健康狀態，故身心是連動的，倘若心理狀態不好，相對會影響到人際關係。若能使自己保持正向的心理狀態，人際關係間的互動也會朝著正向的關係發展，並能經營較佳的人際關係。

（二）培養適當的溝通技巧

溝通除了透過語言和非語言，其中還包含了互動、觀察以及自己過去的經驗。溝通這座橋梁橫跨了「自己」與「對方」，如果你有傾聽、同理、情緒管理和自省的能力，就能在溝通中讓雙方更有機會去了解彼此。

（三）培養正向及尊重的態度

教保服務人員在人際之間的交流往往是重要的，當面對幼兒、家長、同事之間的意見交流與回饋，為避免對立發生，有時一個轉念，換個角度去思考，挫折或困難的問題可能就此迎刃而解，學會彼此尊重及同理，學習良好人際關係的經營之道。

第四節 ▪ 多元文化教育

身為一位教保服務人員，若接受過「文化差異論」及「多元文化教育」的教育專業理論訓練，則較能體會不同族群、性別、階層、能力、特質等幼兒的生命價值及學習需求，並較能施予公平的待遇（曾火城，2009）。例如：教保服務人員若能體認教育機會均等的意涵和重要性，他們將會知道所謂的教育機會均等，以因應每位幼兒的學習過程和機會及符應教育專業倫理的基本訴求。

一、多元文化教育之意涵

「多元文化教育」（multicultural education）源於美國 1960 年代的民權運動與民族運動，當時非裔美國人要求社會尊重他們的權益，消除居住、僱用和教育等方面的歧視，呼籲修訂教科書以反映國內不同的民族文化，並進而導致美國國內各民族群要求學校及教育機構改革課程，以反映其族群經驗、歷史與文化觀點。張憲庭（2005）指出多元文化教育是一種社會理想、一種思考方式、一種研究領域，也是一種改革運動；它不是多元的教育、不是分化的教育、不是妥協的教育也不是少數人的教育，它是民主社會中的全民普通教育。教育部（2004）指出在多元文化社會中，為維持族群之間的和諧，必須藉由教育的力量來推展多元文化教育活動，以肯定文化多樣性的價值，尊重文化多樣性下的人權，並促進各族群間文化的互相認識、學習、尊重、欣賞與接納各種的多元文化觀，培養國民具備與不同背景的人相處的技能，消除國民對其他文化之偏見與刻板印象，培養尊重他人之態度。

二、融入多元文化教育的理念

Mainhart（2002）認為多元文化教育的目標，首先是了解教師和學生過去的偏見與歧視，以及如何影響班級中的互動過程；其次是必須闡釋權力和特權的相關議題，特別是在教育系統中所顯現出的權力和特權；最後，必須協助老師避免形成階級制度上的不當壓制。陳美如（2000）則認為多元文化教育的目標，在增進廣泛的成員地位，讓多元文化的學生在學術、社會、工作等方面，獲得更大的發展。最成功的多元文化教育是引導人類批判自己的偏見，並採取全人類社會改革所需的價值與行為。它同時也是公平的教育，多

元文化課程擴及學生的世界觀，讓學生了解不同文化、價值和思考方式，豐富其不同生活文化經驗。是以，多元文化教育泛指學校提供學生各種機會，了解各種不同族群文化內涵，培養欣賞其他族群文化的積極態度，避免種族的衝突與對立的一種教育（吳清山、林天祐，2003）。

總之，在多元的社會中一定會有各種不同的族群存在，多元文化教育應該承認多元文化和傳統的重要性。學校是社會的縮影，是由不同文化背景的教職員與學生所共同組成的團體，學校文化的多樣性通常是由不同性別、族群、社會階層、宗教、特殊性等因素所形成。由於不同族群文化中有其特殊的學習和溝通方式，所以教保服務人員在教學運作過程中不可忽視幼童的文化背景差異，如此才能正視並尊重每一種文化的價值。

融入多元文化教育的目標和理念，對應「對幼兒的倫理」原則：

■ 原則 1-2：應公平對待幼兒，不因其性別、宗教、族群、家庭社經地位等不同，而有差別待遇。

在一個多元文化的社會裡，所有的教育工作者（包括學齡前教育、國民教育、高級中學、技職學院、大學和研究所）及教育機構都應該具備多元文化教育的理念和實踐的教學策略與方法，而從事學前基礎教育的幼兒教育工作者更是站在一個最重要的核心位置上，尤其應具備相關教學知能和恪守的專業倫理。

整個教育環節當中，教保服務人員的倫理態度是最重要的，除了本身必須做到消除一切形式的偏見和歧視（包括種族、性別、階級與智能歧視）之外，還須具備反省批判的能力，能夠敏覺教材和環境所隱含的歧視因素，隨時導正學生的心態。對於異文化背景的學生，除了要對其抱持正向期待，並施予必要的補救教學之外，更要盡力做到讓其能夠提升自我形象，但是仍應保留其對於文化認同的自由選擇權。教師應同時讓全體學生及異文化學生了解到：他有

選擇認同自身母語文化或是現實生活中主流文化的自由權利，而不是一味地強迫只能認同自身的母語文化或是主流文化，目前教學者和文化研究者公認最佳選擇是鼓勵採取雙重文化認同方式，亦即同時認同自身母語文化和現實生活的主流文化（洪翠娥，2008）。

第五節 ▪ 班級經營

谷瑞勉（1999）認為「班級經營」是教師面對一群幼兒團體生活，藉著與其互動，來影響其教室行為和學習習慣。好的班級經營使老師能順利有效的進行教學活動，更能藉由對幼兒的充分了解，妥善規劃環境及課程，引發積極的教學關係，並促進幼兒的行為學習、心理與人格健全的成長和發展。因此，教師對教學工作的認知、態度和信仰，有正確、正面和積極信念之教師，使得班級經營的效能更佳（周淑瓊，1999；陳雅莉，1994；黃敏，1994；楊士賢，1997；簡淑珠、江麗莉，1993；Hashweh, 1996; Lefrançois, 1997）。反之，坊間偶有聽聞幼教機構處理不適任教保服務人員之無力感，意味著幼兒學習權益無法確切獲得保障；若以專業倫理來規範班級教學行為，可強化教師自律行為，提升學生學習權益（Campbell, 2003）。

班級經營對教保服務人員而言，無論年資深淺、經歷多寡，都是一種持續的挑戰。引用 Dalli（2008）研究指出，教保服務人員對於專業倫理觀點及其班級經營教學實務關聯有三個方向：教學觀（教學策略和風格）、專業知識與實務，及合作關係。

一、教學觀（教學策略和風格）

幼教課程的教學倫理觀十分強調幼兒學習乃是透過與他人互動與互惠關係。在建構課程過程中，教師角色需扮演「促進學習者」

角色，規劃適性且能促進主動學習的課程。因此，多數教保服務人員認為教學涉及關係與學習者的關懷與尊重，教學策略應包括：聆聽孩子、以孩子的程度說話，而教學風格則是對所有孩子能夠公平尊重（Dalli, 2008）。依國內外文獻歸納教學觀點如下：

（一）「人性本善」的思考模式

教師持有「人性本善」思考模式，教育信念為「學生犯錯，是自然現象」，較能有效找出處理與輔導策略，導正其偏差行為，並相信學生會愈變愈好（簡淑珠、江麗莉，1993；Hashweh, 1996; Scholtz, 1991; Woofolk et al., 1990）。

（二）「人性本惡」的思考模式

持「人性本惡」信念的教師，認為學生容易學會不良行為，而且學生的行為是愈變愈壞，教師易被學生激怒，因而破壞師生感情（陳雅莉，1994；湯仁燕，1993；黃敏，1994；楊士賢，1997；Lefrançois, 1997; Merrett & Wheldall, 1993）。

（三）「多元智能」教育信念

多元智能理論主張個體具有多元和獨特的智能結構，學校教育要重視學生的個別差異（Gardner, 1999）。如鄭博真（2009）〈幼兒教師多元智能教育信念與實務之研究〉提出，多元智能理論對學校教育的有關主張和觀點，將多元智能教育信念歸納為個別中心課程信念、多元方式教學信念及智能公平評量信念。

（四）教師自我概念

實證研究（林亨華，2003；Rowland, 1986）發現，教師的自我概念與其教學自我效能二者關係密切，亦即自我概念較高者，較自信、較肯定自己的教學能力，具有較高的成就動機。蔡淑桂

（2004）研究發現，「幼兒園專家教師」具有樂觀、自信心之正面態度和教書是有趣之工作信仰，其班級經營的效能更佳，相信自己是一位有能力「愛」，也有能力「給」的人，會對帶班能力充滿信心並願意不斷求知。

二、專業知識與實務

專業知識與實務提到的是教師要符合資格、熟悉關於幼兒的專業知識與實務、持續進行專業發展與反思。Dalli（2008）研究指出，紐西蘭幼教老師特別強調，專業教師必須要對當代的理論、實務與研究有所掌握，並且能觀察分析評估自身的專業實務才能符合要件。例如，簡楚瑛（2004）從幼托整合政策的研究檢視發現，當前台灣幼教人員專業化觀點考量包括：學歷、能力及證照等三種取向。據她的觀察，學界希望專業化提升的是幼教品質，而教保服務人員希望提升的是自己的社會地位與薪資待遇，因此幼教工作場域環境不良，導致合格教保服務人員大量流失，而聘用不合格人員的幼托機構依然可以運作，是目前台灣教保現場人員無法達到專業化地位的問題癥結點。

張純子（2010）指出教保服務人員在專業工作中展現自主性的程度，用以顯示教師專業知識主體性的發揚，最主要建構在課程、教學與進修所擁有的自主性。武藍蕙（2010）研究發現，私立幼兒園教保服務人員專業知識實踐，多半受到市場商業化牽制及專業工作的外來干預教學教材選擇自主權；例如：主管、同事、家長等人員不適切干擾，造成教師專業不自主的現象。因此，專業倫理的功能就是身為教保服務人員執行任務的核心宗旨。所以，教保專業倫理的產生，目的就是追求師生平等互動關係，讓教保工作者能透過自身的專業倫理規範，作為與幼兒、家庭和同事之間的行為引導。

三、合作關係

　　教保服務人員的合作關係包括與幼兒、家長、同事、主管及在幼兒園機構之外與社區或其他教育機構的互動關係。

（一）師生互動

　　Liu 與 Elicker（2005）在幼兒園教室的師生互動觀察發現，師生運用語言、符號、手勢、姿態、表情、非口語等溝通方式，傳達訊息達到直接與間接的相互動態歷程。對幼兒園教學場域而言，專業倫理的理念是尊重幼兒權利與獨特性，保障教育權及提供適性的發展。

（二）親師溝通

　　汪慧玲與沈佳生（2007）研究指出，不同學歷的教師落實在親職倫理的行為上並無二致，但是修過「專業倫理」課程的學生在工作與倫理實踐上更為積極。尤其，在「對於幼兒與家庭隱私要加以保密」及「讓家長參與幼兒權益的重要決定」等親師互動的細節更為謹慎。

　　蔡淑桂（2004）於〈幼稚園專家教師與新手教師的班級經營策略之比較研究〉發現，專家教師在親師溝通的處理上鼓勵家長到班級來協助，與家長多親近並善用接納、傾聽、澄清、回饋等技巧進行親師溝通。

（三）和同事的合作

　　涂嘉新（2009）研究指出，具備不同成長經驗、教育訓練過程、工作經驗的教保服務人員，常有不同的價值觀與對幼兒教育個人的獨特看法，在對應同事之間的態度，教保行為實踐專業倫理原

則是個關鍵因素。筆者認為，以前述發生教保服務人員違反專業倫理傷害幼兒的案例而言，其中涉及同僚、主管的思維習慣與立場，正向者之「道德勇氣」可能降低幼兒園傷害；反之，若在害怕傷及同事情誼的牽絆思維下而延誤解決問題時機，恐造成往後更大問題。因此，對應可能遇到同事不專業行為時，身為教保服務人員是否該負有責任？

（四）與社區或其他機構的合作

培育一個孩子是需要由幼兒園、家庭及社區共同努力才能完成，而現今教育更多元，讓教保服務與社區人員從以往各自獨立的個體，轉化為互助合作的夥伴關係。

綜而言之，在幼教現場教保服務人員有義務針對班級的各項事務做妥善且有效的規劃，以提升班級經營效能。因此，教保服務人員的「專業倫理觀點及班級經營教學實務」關聯的重要性不言而喻，期盼藉由專業倫理教育教學的過程，透過潛移默化且又有系統的提示學生未來在幼兒園班級教學能懂理、懂事，事理圓融；並能夠深化學生的道德教育，落實品德教育的實施，營造溫馨氣氛的班級環境。

▌結語▐

從既有研究來看，多將「融入式課程」設計視為透過添加新議題到既有課程或學習活動，使教師可以在不另外開設一門新課程的情況下，協助學生從多元的角度反思同一個議題或將各種專業知能實踐於現實生活。

依據研究發現及蒐集相關文獻得知，專業倫理學可以採取融入式統整課程的做法，例如：將生命教育的倫理思考與反省融入課程之中，讓教師在教授專業倫理課程時可以透過融入生命教育主題來

導正教育目標，不致落入只是知識的理解中，模糊了專業倫理教育的目標與宗旨。筆者在進行專業倫理教育時深感，只是灌輸倫理道德知識是無濟於事的，因為任何道德原理必須要回應到實際社會脈絡下才有意義，在大學院校幼教保系把生命教育、教師教學情緒、多元文化教育、班級經營等主題融入至「教保倫理教育」教學已是一個趨勢，也有學者開始這樣的努力。

專業的個人和團體對於倫理的道德立場，通常都不自覺的假定某種倫理學取向，教保服務人員若能有自覺地了解、實踐或改善其立場和價值觀，需要營造一個開放的師生互動與對話空間，將適當的個案或實例作為資源，讓學生在討論與思辨的過程中對議題有更深入的了解，以培養解決兩難問題的道德判斷能力；才能幫助學生同時習得專業知能、生命關懷及多元價值的理解能力。

▌問題與討論▌

1. 請說明「融入式課程」的意涵為何？設計與實施的方式為何？
2. 「生命教育」的內涵和領域為何？論述專業倫理與生命教育兩者的關係為何？
3. 請說明「情緒勞務」的意涵為何？試舉出可能造成教保工作中的「教學情緒」事件。
4. 請討論增進幼兒園「多元文化教育」的教學方法。
5. 請訪談一位教保服務人員，探討他（她）對於教學觀、專業知識與實務以及合作關係的班級經營教學的運作觀點。

▌參考文獻▌

中文部分

方紫薇（2002）。高低網路沉迷者在自我認同、情緒調整及人際互動上之差異。**中華心理衛生學刊，15**（2），65-97。

方德隆（2000）。九年一貫課程學習領域之統整。**課程與教學季刊，3**（1），1-18。

江文慈（2001）。透視教學中的關鍵張力──教師情緒。**師友，408**，43- 47。

吳武雄（1999）。推展生命教育回歸教育本質。**高中教育，7**，10-15。

吳淑敏（2004）。寶貴年華、薪火相傳──專訪林寶貴教授。**特殊教育季刊，91**，16-19。

吳清山、林天祐（2003）。**教育小辭書**。五南。

吳清山、林天祐（2005）。**教育新辭書**。高等教育。

李琪明（2007）。當代倫理生活的新風貌與因應之道。**終身學習網通訊，37**，15-20。

李雅婷（2022）。環境美感素養融入式課程發展研究。**課程與教學季刊，25**（4），95-126。

汪慧玲、沈佳生（2007）。幼兒教師專業倫理實踐之研究。**幼兒保育學刊，5**，59-74。

谷瑞勉（1999）。幼稚園班級經營──反省性教師的思考與行動。心理。

周淑瓊（1999）。國中專家／新手導師班級經營的信念、認知、行動策略與其班級經營效果之比較研究〔未出版之碩士論文〕。國立台灣師範大學教育心理與輔導研究所。

林亨華（2003）。**國中教師自我概念、教學信念與教學效能之相關研究——以澎湖縣為例**〔未出版之碩士論文〕。國立台南師範學院在職進修課程與教學。

林碧雲、莊明貞（2001）。一個兩性教育轉化課程的試煉——以融入社會學習領域之行動研究為例。**中等教育，52**（3），76-94。

武藍蕙（2010）。**幼保師資關懷取向「專業倫理」課程實踐之研究**〔未出版之博士論文〕。國立台北教育大學課程與教學研究所。

凃嘉新（2009）。教保人員對同事的專業倫理責任。載於曾火城等（合著），**幼兒教保專業倫理**（頁 8-1 ～ 8-21）。華格那。

洪志成（2007）。關懷德行融入國小教學策略：與關懷對象共舞。**教育資料與研究雙月刊，76**，71-88。

洪翠娥（2008）。**教學倫理：以多元文化教育為例**〔論文發表〕。建國科技大學主辦「第五屆提升職業倫理與職業道德教育」學術研討會，彰化，台灣。

孫幸慈、連廷嘉、黃俊傑（1999）。生命教育課程對國小高年級兒童輔導效果之研究。**教育資料文摘，43**（5），137-156。

孫效智（2009）。台灣生命教育的挑戰與願景。**課程與教學季刊，12**（3），1-25。

徐敏雄（2011）。社區大學新移民議題融入媒體技巧課程經驗之個案研究。**教育實踐與研究，24**（2），1-32。

徐敏雄（2015）。台北市萬華社區大學融入式課程實踐歷程之研究。**教育研究與發展期刊，11**（2），93-120。

張如慧（2021）。性別平等教育融入師資培育專業課程的教學轉化研究：以兒童發展課程為例。**教育研究月刊，331**，43-58。

張振成（2001）。生命教育的本質與實施。**教育資料與研究，39**，49-52。

張純子（2010）。幼教工作者專業認同歷程之研究〔未出版之博士論文〕。國立中正大學教育學研究所。

張純子（2016）。「生命關懷」融入技職院校「教保專業倫理」課程之行動研究。新竹教育大學學報，**1**（33），141-176。

張純子、洪志成（2008）。幼兒教師之情緒勞務——勞心勞力的脈絡情境分析。教育研究學報，**42**（2），45-65。

張純子、洪志成（2009）。私立幼兒園教師情緒規則：社會建構觀點。台中教育大學學報，**23**（2），91-115。

張新仁、張淑美、魏慧美、丘愛鈴（2006）。大專校院推動生命教育現況及特色之調查研究。高雄師大學報，**21**，1-24。

張憲庭（2005）。落實多元文化教育的班級經營理念與策略。新北市教育季刊，**51**，65-68。

教育部（2004）。多元文化教育。教育部電子報，**79**。http://epaper.edu.tw/

郭生玉（1995）。教師的工作壓力對工作心厭的影響。測驗與輔導，**130**，2664-2666。

陳立言、林耀堂（2006）。生命教育在技專職校院推動之經驗——以文藻外語學院為例。載於中台科技大學舉辦之「全國技專院校通識教學研討會——生命教育理論與務實」研討會論文集（頁33-43），台中。

陳美如（2000）。多元文化課程的理念與實踐。師大書苑。

陳雅莉（1994）。教師教育信念與班級經營成效關係之研究〔未出版之碩士論文〕。國立台北師範學院初等教育研究所。

曾火城（2009）。教保人員的專業倫理內涵。載於曾火城等（合著），幼兒教保專業倫理（頁1-5～1-27）。華格那。

曾雅婷（2017）。淺談青少年情緒管理與人際互動之關係。臺灣教育評論，**6**（6），176-180。

游惠瑜（2009）。關懷取向的專業倫理教育。哲學與文化，**36**

（6），103-115。

湯仁燕（1993）。**國民小學教師教學信念與教學行為關係之研究**
〔未出版之碩士論文〕。國立台灣師範大學教育研究所。

鈕則誠（1999）。中學生「生命教育」的未來展望。載於南華大學
管理學院生死研究所舉辦之「**生命教育課程規劃研討會**」會議
手冊（頁1-3），嘉義。

黃政傑（2005）。**課程改革新論：教育現場虛實探究**。冠學。

黃敏（1994）。**國民小學教師教育信念之研究：以兩名國小教師
為例**〔未出版之碩士論文〕。國立台北師範學院初等教育研究
所。

黃雅文（2005）。**生命教育核心概念、系統架構及發展策略研究報
告**。教育部委託研究計畫報告（PG 9301-0167）。國立台北師
範學院。

黃義良（2000）。生命教育在國小課程中的融合與落實策略。北縣
教育，33，69-78。

楊士賢（1997）。**國民小學級任教師班級經營信念與班級經營效能
關係之研究**〔未出版之碩士論文〕，台北市立師範學院國民教
育研究所。

楊冠政（1998）。**環境教育**。明文。

溫明麗（2006）。PACT道德規範模式在網絡倫理的運用——本質
與內涵分析。**當代教育研究季刊，14**（3），1-24。

賈忠婷（2005）。**虛擬世界之人性思維——科技與人文的出路**〔未
出版之博士論文〕。中國文化大學哲學研究所。

鄔佩君（2003）。**第一線服務人員之情緒勞務的影響因素與其結果
之關係**〔未出版之碩士論文〕。國立政治大學心理學研究所。

劉建人、張淑美（2010）。生命教育「倫理思考與抉擇」融入技職
院校「資訊倫理」課程之教學省思。**教育科學研究期刊，55**
（4），215-246。

蔡明昌、吳瓊洳（2004）。融入式生命教育的課程設計。**教育學刊**，**23**，159-182。

蔡淑桂（2004）。幼稚園專家教師與新手教師的班級經營策略之比較研究。**康寧學報**，**6**，181-224。

鄭博真（2009）。幼兒教師多元智能教育信念與實務之研究。**屏東教育大學學報**，**33**，581-619。

簡淑珠、江麗莉（1993）。國小成功、不成功經驗教師與初任教師的班級經營認知與內隱信念之研究。國科會專題研究報告（NSC 82-0301-H-134-001）。

簡楚瑛（2004）。從幼托整合研究軌跡看幼教政策未來發展方向應思考之問題。**兒童及少年福利期刊**，**6**，1-7。

蕭佳純（2018）。創造力融入式課程對學生創造力成長趨勢影響之縱貫性分析。**課程與教學季刊**，**21**（1），79-104。

Heck, S. F., & Williams, C. R.（1999）。**教師角色**〔桂冠前瞻教育叢書編譯組譯〕。桂冠圖書。（原著出版年：1984）

英文部分

Ametrano, I. M., Callaway, Y. C., & Stickel, S. A. (2002). *Multicultural infusion in the counselor education curriculum: A preliminary analysis.* (ERIC Document Reproduction Service No. ED 465 297)

Ashforth, B. E., & Humphrey, R. N. (1993). Emotional labor in service roles: The influence of identity. *Academy of Management Review, 18*(1), 88-115.

Banks, J. A. (1994). *An introduction to multicultural education.* Allyn & Bacon.

Brinckerhoff, R. F. (1985). Introducing social issues into science courses: Modules and a short-item approach. In R. W. Bybee (Ed.), *Science technology society: 1985 yearbook of the National*

Science Teachers Association (pp. 221-227). National Science Teachers Association.

Campbell, E. (2003). *The ethical teacher.* Open University Press.

Cordero, E. D., Israel, T., White, S., & Park, Y. S. (2010). Impact of instructor and course characteristics on the effectiveness of curriculum infusion. *Journal of American College Health, 59*(2), 75-81.

Dalli, C. (2008). Pedagogy, knowledge and collaboration: Towards a ground-up perspective on professionalism. *European Early Childhood Education Research Journal, 16*(2), 171-185.

Ekman, P. (1984). Expression and the nature of emotion. In K. R. Scherer & P. Ekman (Eds.), *Approach to emotion* (pp. 319-343). LEA.

Gardner, H. (1999). *Intelligence reframed.* Basic Books.

Garner, P. W., Gabitova, N., Gupta, A., & Wood, T. (2018). Innovations in science education: Infusing social emotional principles into early STEM learning. *Cultural Studies of Science Education, 13*(4), 889-903.

Giroux, H. A. (1988). *Teachers as intellectuals: Toward a critical pedagogy of learning.* Bergin & Garvey.

Hargreaves, A. (1998). The emotional practice of teaching. *Teaching and Teacher Education, 14*(8), 835-854.

Hargreaves, A. (2001). Emotional geographies of teaching. *Teachers College Record, 103*(6), 1056-1080.

Hashweh, M. Z. (1996). Effects of science teachers' epistemological beliefs in teaching. *Journal of Research in Science Teaching, 33*(1), 47-63.

Hastings, P. D., & Zahn-Waxler, C. (2000). The development of concern for others in children with behavior problems. *Develop-mental Psychology, 36*(5), 531-546.

Hochschild, A. R. (1983). *The managed heart.* University of California Press.

James, N. (1989). Emotional labor: Skill and work in the regulation of feelings. *Sociological Review, 37*, 15-42.

Jarcho, I. S. (1985). Curricular approaches to teaching STS: A report on units, modules, and courses. In R. W. Bybee (Ed.), *Science technology society: 1985 yearbook of the National Science Teachers Association* (pp. 162-173). National Science Teachers Association.

Katz-Buonincontro, J., Davis, O., Aghayere, A., & Rosen, D. (2016). An exploratory pilot study of student learning experiences in engineering technology courses designed to promote creativity. *Journal of Cognitive Education and Psychology, 15*(1), 55-79.

Krout, J. A., & Wasyliw, Z. (2002). Infusing gerontology into grades 7-12 social studies curricula. *The Gerontologist, 42*(3), 387-391.

Laughlin, M. A., & Engleson, D. C. (1982). Infusing curricula with energy education: Wisconsin's approach. *Indiana Social Studies Quarterly, 33*(3), 50-55.

Lefrançois, G. R. (1997). *Psychology for teaching* (9th ed.). Wadsworth Company.

Liu, J., & Elicker, J. (2005). Teacher-child interaction in Chinese kindergartens: An observational analysis. *International Journal of Early Years Education, 13*(2), 129-143.

Mainhart, K. M. (2002). *Three case studies: Experienced teachers' reflections on their beliefs about multicultural education and their classroom practice.* http://wwwlib.umi.com/dissertations

Merrett, F., & Wheldall, K. (1993). How do teachers learn to manage classroom behavior? A study of teachers opinions about their initial management. *Educational Studies, 19*, 91-106.

Morris, J. A., & Feldman, D. C. (1996). The dimensions, antecedents, and consequences of emotional labor. *Academy of Management Review, 21*(4), 986-1010.

Park, W. S., & Cordero, Y. S. (2010). Impact of curriculum infusion on college students' drinking behaviors. *Journal of American College Health, 58*(6), 515-522.

Putnam, L. L., & Mumby, D. K. (1993). Organizations, emotion, and the myth of rationality. In S. Fineman (Ed.), *Emotion in organizations* (pp. 36-57). Sage.

Ron, B. (2000). *Education for spiritual, moral, social and cultural development.* Continuum.

Rowland, E. J. (1986). Self-concept and the educational orientations of older adult learning participants. *Psychological Review, 108*(3), 593-623.

Scholtz, D. E. (1991). *Beliefs about teacher role and the implications for studies in the social and philosophical foundations of education* [Doctoral dissertation]. University of Minnesota.

Tolbert, D. A., & Daly, S. R. (2013). First-year engineering student perceptions of creative opportunities in design. *International Journal of Engineering Education, 29*(4), 879-890.

Winograd, K. (2003). The functions of teacher emotions: The good, the bad, and the ugly. *Teacher College Record, 105*(9), 1641-1673.

Woolfolk, A. E., Rosoff, B., & Hoy, W. K. (1990). Teachers sense of efficacy and their beliefs about manageing students. *Teacher & Teacher Education, 62*(2), 137-148.

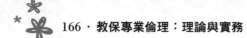

CHAPTER **6**

托育人員的專業倫理

　　「托育人員」係以托育機構含托嬰中心、社區公共托育家園及安置 0～2 歲嬰幼兒之兒童及少年安置（教養）機構之主管人員、托育人員、教保人員及助理教保人員。提供嬰幼兒日常生活（如：飲食、大小便等）的照顧，並保護其安全，教導嬰幼兒良好的基本生活習慣，包含自理飲食、衛生習慣等基礎生活技能，在性質上比較偏屬於功能任務性的引導之兒童福利服務。

　　本章分為四節，首先，依目前台灣現況探討托育人員的意涵及培訓課程內容；其次，了解托育人員的專業倫理內涵與實踐；其三，為托育嬰幼兒相關權利的認識與實踐；其四，簡介托育人員的工作挑戰。

第一節 ▪ 托育人員的定義與培訓

我國經濟和社會發展快速，導致家庭與社會不論在形貌、結構層面、功能、內涵，均有了相當的改變，更顯示兒童福利功能性服務的托育照顧之重要性。近年來托育機構人員、居家保母對兒童相關不當對待行為事件頻傳，令人詫異的是，其中亦不乏政府評鑑績優的公私立托嬰中心。例如：某公托托育人員，以雙手夾住孩子頸部後上抬離地並用力夾臉，甚至手拉著哭鬧的孩子拋向角落等違反專業的行為，以幼小的嬰幼兒來說，這些舉動均足以造成致命危險及永久性傷害（王俐雯，2023）。身為托育人員，認識相關權利與專業倫理，方能認識它、理解它、認同它及實踐它。

一、托育人員的定義

台灣於 2011 年通過《幼兒教育及照顧法》後，托嬰中心的主管機關為衛生福利部社會及家庭署。依據《兒童及少年福利機構專業人員資格及訓練辦法》，托育人員是指於托嬰中心、安置及教養機構提供教育及保育之人員。從業人員應為滿 20 歲之成年人，具備下列資格之一：

1. 取得托育（保母）人員技術士證者，或民國 111 年 1 月 1 日以後取得托育人員技術士證者。
2. 高級中等以上學校幼兒教育、幼兒保育、家政、護理相關學院、系、所、學位學程、科畢業者。

目前 0 ～ 2 歲嬰幼兒托育的形式分為「居家式托育照顧」和「機構式托育照顧」。「居家式托育服務」得招收 0 ～ 12 歲兒童，並依《居家式托育服務提供者登記及管理辦法》辦理；而「托

嬰中心」[1]則依《兒童及少年福利機構設置標準》、《兒童及少年福利機構專業人員資格及訓練辦法》，以及《私立兒童及少年福利機構設立許可及管理辦法》辦理 0 ～ 2 歲嬰幼兒的托育服務業務。上述這些法規皆為《兒童及少年福利與權益保障法》（以下簡稱兒少權法）之子法。

二、托育人員的培訓課程內容

托育人員課程專業人員訓練核心課程內容有七大項目：
1. 兒童及少年福利服務及法規導論。
2. 嬰幼兒發展。
3. 親職教育與社會資源運用。
4. 托育服務概論及專業倫理。
5. 嬰幼兒環境規劃與活動設計。
6. 嬰幼兒健康照護。
7. 嬰幼兒照護技術。

根據邱志鵬（2021）的〈109 年度托育事故及虐嬰案件成因分析研究〉成果報告指出，以行政作為在專業倫理上，須加強托育人員與受托嬰幼兒之間的倫理關係。因為在托育的專業上除了知識和技能的不斷進修之外，更重要的是面對工作的態度，意指托育人員對幼兒、家長、社區及同業四個層面都應秉持一定的分寸和規範。

---

[1] 托嬰中心含公設民營托嬰中心及社區公共托育家園（是一種介於大型公托和居家保母之間的托嬰方式）。

第二節 ▪ 托育人員之專業倫理

一、托育人員的專業倫理內涵

專業倫理是專業團體針對其專業特性發展出來的道德價值觀與行為規範，專業倫理成為托育人員在該工作領域裡的理想指南，提供從業人員在遇到專業方面的倫理道德問題時做正確抉擇的依據。

（一）托育領域的工作及範疇

托育工作包括了智慧的運用及個人的責任。在自然中學習、經常實驗及研討（研討目的不僅限於學說理論）、求新的事證知識，以實踐為最高目標，並具有表達技能（專門教育及訓練）。在工作、活動、職業方面組成團體，並有維護的向心力。對於大眾福利熱心，關懷社會的完美及幸福。托育領域的工作範疇，包含對人、對事與對物，人包含對幼兒、對家長、對同事、對輔導人員、對主管人員的倫理；事包含對簽約內容與工作職責的負責；物包含對機構與對法規的尊重。

（二）托育人員的專業規範

托育人員的專業規範如下：
1. 了解本身對嬰幼兒的權力與影響力。
2. 應與嬰幼兒家長、主管進行充分溝通，以維護嬰幼兒學習權利。
3. 謹守嬰幼兒照顧者的分寸。
4. 持續充實專業知能。

二、托育人員專業倫理的培養

托育服務的功能是多方面的，除了是在父母就業或其他因素不能親自照顧子女的時段，提供補充親職的角色外，托育服務也有支持親職角色的功能；托育服務更正面的功能是促進兒童發展、保護兒童免於暴露在不適當的學習環境中。因此，托育人員的倫理觀念及其工作倫理更顯得重要。

（一）托育人員的倫理道德規範

「倫理」二字是指人在各種人際關係上立身處世、待人接物應循之道德規範。有關專業托育人員的倫理道德規範如下（王靜珠，2000）：

1. 熱愛專業托育事業，堅定遵守育嬰法規。
2. 熱愛並尊重嬰幼兒嚴禁體罰或變相體罰。
3. 負責盡職、確保嬰幼兒安全。
4. 以身作則為嬰幼兒表率，儀態舉止端莊、言行高雅穩重、生活勤樸有存。
5. 尊重家長、關心同業。
6. 要檢討自己的優缺點，努力改進。

（二）托育人員的工作倫理

托育人員主要工作內容為：嬰幼兒生活照顧、嬰幼兒發展與學習、嬰幼衛生保健、親職教育及支持家庭功能、記錄嬰幼兒生活成長與諮詢及轉介、其他有益嬰幼兒身心健全發展者。

1. 對孩子方面

(1) 公平的對待每位孩子；(2) 教孩子正確的事；(3) 不要用自

己的眼光去要求孩子；(4) 凡事以孩子的利益為先；(5) 不以任何理由傷害孩子的身心發展；(6) 維護孩子應有的權利。

2. 對家長方面

(1) 誠信；(2) 守密；(3) 不以拒托作為要求調薪的武器；(4) 不因自己專業能力的提升而不斷要求調薪；(5) 不隨便中止收托；(6) 不破壞孩子與其家人的關係；(7) 協助家長培養孩子良好的生活常規及習慣。

3. 對社區方面

(1) 協助社區家長照顧幼兒；(2) 提供社區臨托服務；(3) 不道他人長短，傳播他人隱私；(4) 不做違背良心及社會道德規範之事；(5) 不拒托特殊殘障或生病的孩子。

4. 對個人方面

(1) 經常進修吸收新知；(2) 積極參加托育專業組織；(3) 通過托育人員技術士檢定；(4) 配合政府督導制度，確實提升自我素質。

（三）托育服務工作專業倫理準則

倫理兩難的問題涉及複雜的人際關係，須優先參考嬰幼兒的最佳利益。以下五項準則能提供在托育工作面臨倫理問題時的指引（薛慧平、施淑娟，2017，頁 3-16）：

1. 目前法律政策的規範。
2. 嬰幼兒教保理論或專家研究的佐證。
3. 居家托育服務中心等組織的諮詢。
4. 教保人員專業倫理守則。
5. 調解委員會。

（四）托育人員的專業倫理兩難案例分析

　　探討托育工作現場常見的難題，首先，可以判斷這是有關對同事、機構及部屬專業關係之間的組織倫理問題，建議可以參考上述（三）托育服務工作專業倫理準則來分析。

該怎麼開口，拒絕老闆的請託！

　　托嬰中心老闆一直希望將菲菲升職成為主任，她一直都以家庭因素和個性不適合為理由婉拒，但是在人情攻勢下，最後還是答應老闆向社會局核備為托嬰中心主任，然而實際上自己還是擔任托育人員的工作，繼續照顧嬰幼兒，老闆才是實務現場運作的「主任」。評鑑時，當菲菲被推到第一線聲稱為主任時，想當然耳，菲菲的表現受到委員質疑到底誰才是托嬰中心的主任？菲菲對於自己掛名當主任這樣的現象感到十分的不安，卻一直不知道該如何向老闆開口。

三、托育人員專業倫理的實踐

　　要如何維繫與實踐托育人員專業倫理？可以從兩個方面著手進行，一是透過健全法律環境以獲得法律的合法地位（他律）；二是提升托育機構人員的責信度（自律），就會需要一個有效的監督機制（訪視）。當然不能只是單靠法律的監督，特別是自律與他律機制須同時運作。

（一）他律

規範就是一個法律規範，即是強制性機制，而最大的權力是來自於國家、政府，所謂的法律賦予的合法地位。他律雖然是消極的外在規範（馮燕，2004），但就像 DiMaggio 與 Powell（1983）所觀察到的，強制性機制與模仿性機制對形成自動自發遵守的規範性機制，確實有無法取代的重要性。例如：為確保托嬰中心托育品質，配合衛生福利部社會及家庭署建立之督導管理機制，委託相關單位辦理托嬰中心訪視輔導業務，透過專任訪視輔導員進行現場訪視輔導，可提升托嬰照顧品質。

（二）自律

自律規範則指涉，托育工作人員的專業倫理認知與訓練係屬一種專業團體的自我規範，自律規範是專業倫理中很重要的一環，當托育人員發展到專業化的程度時，建立「自律規範」是一項已落實獨立部門的里程碑。然而，專業內的自律規範並不意謂著可以取代正式的法律，事實上，遵循適用的法律是專業基本精神之一。自律規範是由專業人員相互約定，自願遵循的守則。

第三節 ▪ 托育嬰幼兒相關權利的認識與實踐

居家式托育服務提供者（以下簡稱托育人員）依據《居家式托育服務提供者登記及管理辦法》第 4 條，托育人員應遵守下列事項：

1. 優先考量兒童之最佳利益，並專心提供托育服務。
2. 與收托兒童之父母、監護人或其他實際照顧之人訂定書面契約。
3. 對收托兒童及其家人之個人資料保密。但經當事人同意或依

法應予通報或提供者，不在此限。

4. 每年至少接受十八小時之在職訓練。每二年所接受之在職訓練，應包括八小時以上之基本救命術。

5. 每二年至少接受一次健康檢查。

6. 收托兒童當日前，投保責任保險。

一、取得資訊／相關法規與政策

托育人員在專業上提供友善育兒空間，對於目前法令政策及規劃正確的資料來源，可從以下所列機關／團體進行諮詢：(1) 衛福部社會家庭署；(2) 各縣市社會局／處；(3) 教育部／國民及學前教育署；(4) 教育局處／學前教育科；(5) 全國教保資訊網；(6) 幼教相關學會、協會、社團協會；(7) 兒童權利維護相關學會、協會、社團協會。

二、重要法規

托育嬰幼兒之相關重要法規包括：

1. 《兒童權利公約施行法》。

2. 《兒童及少年福利與權益保障法》。

3. 《兒童及少年福利與權益保障法施行細則》。

4. 《幼兒教育及照顧法》。

5. 《幼兒教育及照顧法施行細則》。

三、實踐策略

對於認識與理解托育的相關應遵守的責任／法規，並無法代表

會實踐它，實踐的原動力源自認同[2]。提供以下三種方法：

1. 時時關注托育服務機構提供的訊息。
2. 主動關注相關網站公布的相關政策與法規。
3. 遇不理解或困惑處，主動詢問承辦人員或輔導人員。

第四節 ▪ 托育人員的工作挑戰

近年來，社會新聞頻頻出現居家托育人員、托嬰中心托育人員或幼兒園教保服務人員出現虐童等行為，依據衛福部統計 2022 年「兒童少年保護──受虐人數」，其中 0 ～ 3 歲托育場域中，施虐者身分為「居家式托育人員」即占了 76.68%，「托嬰中心人員」則占了 36.32%，共 112 人（衛生福利部保護服務司，2023）。托育人員平日為主要照顧者，托育嬰幼兒需依照個別需求來安排作息時間，嬰兒在無肢體與口語表達前，都是運用哭泣來向照顧者表達生理需求，此時，托育人員的情緒便是一個相當關鍵的因素。

一、情緒勞務者

相關研究顯示，居家托育服務人員角色亦屬於為配合家長的需求，通常一天工作約 10 到 12 小時（張絮筑，2014），平時單獨照顧缺乏自主行動能力或發展未臻成熟的嬰幼兒，且面對托育問題時，家長堅持己見或立場的不同，常令其產生無助感。另外，許瓊文（2012）研究發現，居家托育服務人員的工作壓力會造成其肌肉痠痛、靜脈曲張、腸胃不適、泌尿道發炎、睡眠品質不良，而

---

[2] 認同：個人在感情上認定某一個人或某一團體，因而在行為方式、價值標準等方面加以模仿，而使本人與他人或團體趨於一致的心理歷程（教育部，2021）。

過度緊張、焦慮、發怒、煩躁、自信心不足、沮喪也是常有的情緒感受。在這種高工時、高壓力的情形之下，居家托育服務人員在面對受托兒及家長時，往往需壓抑真實感受以表現良好的情緒狀態。Hochschild（1983）指出，情緒勞務可能涉及加強、假裝或抑制的情緒來修改一個人情感的表達，由此看來，居家托育服務人員確實是高情緒勞務工作者。

托育服務不當事件法令宣導

❖ 發生於托育服務的不當對待事件，多因超收致照顧負荷過大使托育人員情緒失控而影響，切勿以任何身體或口語上打、罵、獨留嬰幼兒，如查證屬實，除依法行政裁處外，將依《兒童及少年福利與權益保障法》第 49 條暨同法第 97 條辦理。

➜ 處新台幣 6 萬元以上 60 萬元以下罰鍰，並公告姓名或名稱。

❖ 居家托育人員如發現有嬰幼兒遭受或疑似遭受虐待、不當對待、獨留等情事，須依據《兒少權法》第 53 條，24 小時內通報直轄市、縣（市）主管機關，若延遲、隱匿事實經相關局處查明屬實後，將依同法第 100 條辦理。

➜ 處新台幣 6 千元以上 6 萬元以下罰鍰。

二、協力圈之支援性

居家托育人員其工作特性為長時間單獨與嬰幼兒相處，若長期處於高情緒勞務狀態，或許可能出現情緒耗竭或失調的情形，建議

宜善加利用協力圈規劃相關活動（陳璿如、王淑清，2016）。方法如下：

（一）增加托育服務人員與其學習社群接觸的機會

參與相關課程（如：正念減壓法、健康疾病照護資訊）或心理諮詢管道，能以專業應變協助處理問題，情緒得以抒解與釋放。

（二）加強與工作夥伴的默契

若以托嬰中心的工作人員而言，建議在工作上或平日生活中應培養默契，建立合作性的團隊工作模式。在互相尊重與信任的環境裡，降低彼此對學習的壓力和抗拒，對於面對家長的壓力共同承擔面對，對於整體品質的提升則亦共享成果（何書蓉，2019）。

（三）家庭資源的支持力量

托育幼兒家庭的資源更是一個很重要的支持力量，因此，當托育的工作壓力低，不僅工作滿意度增加，亦能提供更好、更穩定的收托照顧品質（陳慧玲等人，2015）。

▌結語▐

截至目前，我國托育工作領域範疇雖然未如「中華民國幼兒教育專業倫理守則」以及「幼兒園教保服務人員工作倫理守則」明確訂定之，但是托育工作屬於專業團體，須針對其專業特性發展出道德價值觀與行為規範。本章從相關學者文獻及托育實務工作中整理出托育專業領域的理想規範，提供幼教保科系學生及未來有志成為托育從業人員者，在遇到專業方面的倫理道德問題時能做正確抉擇的依據。

　　要如何維繫與實踐托育人員專業倫理？一是透過建立健全法律環境以獲得法律的合法地位（他律）；二是落實專業倫理，不靠罰則而靠自律。再者，面對政策法規時時在檢討修正公布，它不會因為沒被告知可以從寬。身為托育人員應時時主動關心正確判讀，展現專業倫理，以幫助自己並幫助家長及嬰幼兒。最後，托育人員是情緒勞務工作者，應善用資源避免出現情緒耗竭或失調的情形。

▌問題與討論▌

1. 請說明「托育人員」的定義為何？實施培訓課程內容為何？
2. 托育人員「專業倫理」的內涵為何？論述倫理道德規範為何？
3. 請說明要如何維繫與實踐托育人員專業倫理的方法，各分別論述其意涵為何。
4. 模擬一位托育人員面對可能涉及「倫理兩難」的情緒事件，並提出相關的解決策略。

▌參考文獻▌

中文部分

王俐雯（2023 年 6 月 6 日）。別讓托嬰悲劇再發生！事前積極
　　防範，才能終止幼托場合的不當對待。獨立評論 @ 天下。
　　https://opinion.cw.com.tw/blog/profile/52/article/13709

王靜珠（2000）。嬰幼兒托育服務的意義和倫理。國教輔導，3
　　（39），2-4。

中華幼兒教育改革研究會（2001）。「邁向專業的老師——幼教專
　　業倫理工作坊」研習手冊。作者。

邱志鵬（2021）。「109 年度托育事故及虐嬰案件成因分析研究」
　　成果報告。衛生福利部社會及家庭署委託辦理。

何書蓉（2019）。托嬰中心組織學習之行動研究。樹人學報，16，
　　59-75。

馮燕（2004）。托育服務——生態觀點的分析。巨流。

教育部（2021）。國語辭典簡編本（三版）。教育部。

張絮筑（2014）。有證照在宅保母從事給薪兒童照顧工作經驗之探
　　索〔未出版之碩士論文〕。玄奘大學社會福利與社會工作學系
　　研究所。

陳璿如、王淑清（2016）。居家托育服務人員情緒勞務與工作滿意
　　度之相關研究。幼兒教保研究期刊，17，1-22。

陳慧玲、王美嬌、郭淑惠、楊麗娟（2015）。居家式保母托育工作
　　經驗之探討。康寧學報，17，39-79。

許瓊文（2012）。機構附設托嬰中心專業保母工作壓力之探究〔未
　　出版之碩士論文〕。國立嘉義大學幼兒教育學系研究所。

薛慧平、施淑娟（2017）。居家托育服務概論（二版）。華格那。

衛生福利部保護服務司（2023）。各場域兒少保護個案統計圖表。
　　https://dep.mohw.gov.tw/DOPS/cp-1303-73591-105.html

英文部分

DiMaggio, P. J., & Powell, W. W. (1983). The iron cage revisited: Institutional isomorphism and collective rationality in organization fields. *American Sociological Review, 48*, 147-160.

Hochschild, A. R. (1983). *The managed heart.* University of California Press.

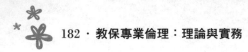

CHAPTER 7

兒童課後照顧服務人員的
專業倫理

「課後照顧服務」係以小學階段的一般學童為主，它比較涉及生活照顧、作業指導、團康體能活動、才藝教學等多層次領域，在性質上比較偏屬於補充和市場消費性質的兒童福利服務。

本章分為四節，首先，依目前台灣現況探討兒童課後照顧服務人員的意涵；其次，了解課後照顧服務的功能及培訓課程內容；其三，簡述兒童課後照顧服務人員之專業倫理，及「國小教師專業倫理」對應「兒童課後照顧服務人員專業倫理」的啟示；其四，了解以女性居多的兒童課後照顧服務人員之壓力與心理衛生課題。

第一節 ▪ 兒童課後照顧服務

　　以目前台灣的現況而言，幼童托育服務可區分成以 0～6 歲學齡前嬰幼兒為主的托育服務（day care services），它較強調親情撫慰、衛生保健與保護照顧，主要是以保育服務為主，包括托嬰中心（daycare center）、幼兒園（nursery）；6～12 歲的國小學童則是以安親班（tutorial classes）、補習班（talent classes）為主。兒童課後照顧服務（after-school child care services）係以小學階段的一般學童為主，它比較涉及生活照顧、作業指導、團康體能活動、才藝教學等多層次領域，在性質上比較偏屬於補充和市場消費性質的兒童福利服務。近年來隨著家庭結構、形式、內涵及家庭功能的轉變，對於兒童課後照顧服務人員的角色定位也產生改變（王順民，2005）。

　　基本上，課後照顧服務僅是所有托育服務其中的一個環節，所謂「兒童托育服務」，根據美國兒童福利聯盟（Child Welfare League of America）的定義係指：當學齡兒童的父母親因為工作或其他原因不能在家裡照顧小孩，或是某些像是家庭貧困、兒童心智障礙等特殊因素，而使得兒童每天必須有一段時間，由一個團體式、家庭式的托育機構給予適當的安置，以幫助父母提供兒童適當的保護照顧，並培養兒童生理、情緒、智能和社會發展等各方面潛能（李新民，2005）。

兒童課後照顧服務的功能

　　「兒童課後照顧服務」一詞包括多元性的論述，這其中「課後」指的是在小學階段非上課時間，到托育中心、課業輔導班、才藝教室或留在學校參與非學業相關的課外活動。因此，課後照顧服

務也稱為學齡兒童托育（school-age child care）；而「照顧」意指將課後托育定位為照料的保育功能。至於兒童課後照顧服務機構又被稱為「安親班」，固然是取其「安定父母忐忑不安的心，及代為執行部分的親職角色」的弦外之音，然而，此種涵蓋著全方位的服務型態，於課後照顧服務的論述思索，是一種連結了學童本位、父母本位、業者本位與社會本位的綜合定位（王順民，2005）。

攸關兒童課後照顧服務機構各種不同的稱謂，這些名目不同的名稱，同時也意指著課後照顧服務不同的概念功能：

1. 社政單位：安親班、兒童托育中心、課後托育中心。
2. 教育單位：課後輔導班、家教班、才藝班、文教中心、教育中心。

綜合學者的看法（王淑英、孫嫚薇，2003；李新民，2005；張添雄，2010；黃怡瑾，2000；鄭芬蘭，2001；Merith et al., 2004; Nawrotzki, 2004; Shernoff & Vandell, 2007），兒童課後照顧服務的功能如下 ：

1. 補助性：服務內容並非複製國小課程，而是進一步提供兒童在校學習不足之補助性輔導。
2. 預防性：讓父母有安全感，也更能專心工作，讓學童不至於長期缺乏成人照顧，預防兒童的心理與外在危機。
3. 發展性：提供教育活動協助兒童身心的健全發展，啟發兒童的情緒、智能、社會互動、人格等之發展，協助達成兒童期的發展任務。
4. 網絡性：結合家庭、學校與社區共同合作，包括社區圖書館、博物館、美術館等，均為「課後照顧服務」可以運用的一環。
5. 穩定性：可以維護父母親工作權，且能讓兒童受到妥善之照顧，對於社會、經濟、家庭均具有穩定作用的功能（曾榮祥、吳貞宜，2004）。

因此，課後照顧服務無須拘泥於單一型態的課後照顧課程方案，可採用適性教育模式，融入形形色色之教學課程，讓學童在足夠的空間依據自己偏好，以充分發展學童不同的資質稟賦（戰寶華，2009）。

第二節 ▪ 兒童課後照顧服務的現況

兒童課後照顧服務人員訓練課程內容

根據 2021 年 1 月 20 日最新修訂之《兒童及少年福利與權益保障法》第 23 條第 1 項第 12 款所稱「兒童課後照顧服務」，「指招收國民小學階段學童，於學校上課以外時間，所提供之照顧服務。前項兒童課後照顧服務，得由各該教育主管機關指定國民小學辦理兒童課後照顧服務班，或由鄉（鎮、市、區）公所、私人、團體申請設立兒童課後照顧服務中心辦理之。而辦理方式與人員資格等相關事項標準，則是由教育部會同內政部定之」。因此，教育部根據所訂定的《兒童課後照顧服務班與中心設立及管理辦法》第 23 條：「高級中等以上學校畢業，並經直轄市、縣（市）政府教育、社政或勞工相關機關自行或委託辦理之 180 小時課後照顧服務人員專業訓練課程結訓」辦理。

兒童課後照顧服務人員基本的專業能力，包括基本素養能力、行為輔導能力、學習輔導能力、活動設計能力與一般能力等。表 6-1 為國民小學兒童課後照顧服務人員訓練課程內容一覽表。

表 6-1　國民小學兒童課後照顧服務人員訓練課程內容一覽表

本訓練課程依課程類別區分基礎單元及參考單元，基礎單元最低時數 126 小時，參考單元最低時數 54 小時，總計訓練時數共 180 小時，各執行單位依需求選擇開設或自行規劃。各直轄市、縣（市）政府開辦相關訓練課程應先行評估需求，以達訓用合一。

科目類別／ （最低時數）	基礎單元 （每單元以 3 小時為原則， 最低時數 126 小時）	參考單元 （每單元以 3 小時為原則， 最低時數 54 小時）
課後照顧服務概論 （6 小時）	◎課後照顧理念、政策工作倫理 ◎課後照顧方案的設計、管理、評估	□課後照顧人員的情緒管理與人際溝通 □課後照顧人員的生涯規劃 □課後照顧人員的性別平等教育概念與意識 □課後照顧之行政作業 □自訂
兒童發展 （9 小時）	◎兒童發展週期的生心理特徵（含性發展與性教育） ◎兒童人際關係發展	□兒童發展影響因素及理論 □自訂
兒童行為輔導與心理衛生 （12 小時）	◎課後照顧與兒童行為輔導 ◎兒童偏差行為的探討與處理 ◎學生霸凌預防與處理 ◎學齡兒童與壓力 ◎兒童心理創傷的探討與處理	□常見兒童心理問題（睡眠、飲食、憂鬱、成癮等問題） □兒童行為改變技術 □兒童行為改變技術操作演練 □兒童晤談技巧 □兒童情緒管理 □偏差行為的探討：過動、情緒、反抗問題 □偏差行為的探討：攻擊、偷竊、逃學、說謊等 □自訂

表 6-1　國民小學兒童課後照顧服務人員訓練課程內容一覽表（續）

科目類別／ （最低時數）	基礎單元 （每單元以 3 小時為原則， 最低時數 126 小時）	參考單元 （每單元以 3 小時為原則， 最低時數 54 小時）
親職教育 （6 小時）	◎課後照顧老師如何與家長溝通合作 ◎家庭型態認識與處遇（含雙薪家庭、分居家庭、單親家庭、重組家庭、隔代教養等）	□自訂
兒童醫療保健 （6 小時）	◎兒童生長發育與營養 ◎兒童常見疾病及流行病的預防與處理	□自訂
兒童安全及事故傷害處理 （9 小時）	◎兒童事故的預防與處理 ◎急救的技巧與演練（含 CPR 心肺復甦術） ◎消防安全演練	□危機處理概念、應變及流程 □自訂
兒童福利 （6 小時）	◎兒童福利（了解兒童福利服務的類別及相關社會資源） ◎課後照顧如何落實兒童保護（了解兒童保護的定義與兒虐處遇、流程及相關法規政策）	□自訂
特殊教育概論 （6 小時）	◎智能障礙、視覺障礙、聽覺障礙、語言障礙、肢體障礙、身體病弱、情緒行為障礙、學習障礙、多重障礙、自閉症、發展遲緩、其他障礙的認識與處理	□特殊教育的概念與發展趨勢 □特殊兒童的認識與處理 □自訂
初等教育 （6 小時）	◎課程教學與課後照顧的關聯（認識教學方法、課程領域、課程精神、統整課程、彈性時間） ◎學校行政（介紹國小各處室及家長會組織和權責、愛心家長團、緊急聯絡網機制等）	□參觀見習（參觀國小社團時間、分組活動、教學現場） □自訂

表 6-1　國民小學兒童課後照顧服務人員訓練課程內容一覽表（續）

科目類別／ （最低時數）	基礎單元 （每單元以 3 小時為原則， 最低時數 126 小時）	參考單元 （每單元以 3 小時為原則， 最低時數 54 小時）
學習指導 （30 小時）	◎數學作業指導（包括真實數學、生活數學，包含作業指導常見問題與處理技巧） ◎語文作業指導（語文教學、語文輔導、寫字，包含作業指導常見問題與處理技巧） ◎自然與生活科技學習領域作業指導 ◎社會學習領域作業指導 ◎評量（多元評量、實作評量、檔案評量，包含作業指導常見問題與處理） ◎教學活動設計	□數學作業指導實習 □語文作業指導實習 □評量實習 □自然與生活科技學習領域作業指導實習 □社會學習領域作業指導實習 □教案編寫實習 □電腦輔助教學 □發問與講述技巧 □自訂
兒童體育及遊戲（6 小時）	◎兒童體育與團康理論及活動設計 ◎兒童遊戲與休閒理論及活動設計	□兒童體育與團康實習 □兒童體育與團康進階實習 □球類及其他項目兒童運動 □兒童遊戲與休閒活動實習 □遊戲與兒童發展之關係 □兒童興趣培養 □兒童美術勞作與戲劇治療 □兒童音樂欣賞 □自訂
兒童故事 （6 小時）	◎說故事的基本概念與原則 ◎說故事的技巧，以及如何指導兒童說故事	□說故事道具製作／繪本與故事書 □說故事演練 □自訂
班級經營 （6 小時）	◎課後照顧班級常規建立，及教室規劃與管理 ◎課後照顧班級經營實習	□課後照顧班級經營進階實習 □了解預防、干預及糾正治療的行為管理方法 □紀律訓練對兒童行為之影響 □自訂

表 6-1　國民小學兒童課後照顧服務人員訓練課程內容一覽表（續）

科目類別／ （最低時數）	基礎單元 （每單元以 3 小時為原則， 最低時數 126 小時）	參考單元 （每單元以 3 小時為原則， 最低時數 54 小時）
社區認同與社 區服務 （6 小時）	◎社區資源的連結及社區自然資源 　保育 ◎兒童對社區人文及地理環境的認 　識，與社區地圖的繪製 ◎社區與地球村的關係 ◎社區服務	□媒體、兒童與社區 □台灣族群文化、兒歌與民俗 　藝術（原住民、客家、河 　洛……等） □自訂
兒童品德教育 與生活能力訓 練（6 小時）	◎兒童的自我認同 ◎正向行為與品德核心價值 ◎兒童生活能力訓練	□品德教育教學活動設計 □兒童創意生活能力 DIY 活 　動設計與實習 □自訂
合計	126 小時（每單元以 3 小時為原則）	

資料來源：教育部資訊網（無日期）。兒童課後照顧服務人員職前及在職訓練課
　　　　程參考方案。全國兒童課後照顧服務中心資訊網。

第三節 ▪ 兒童課後照顧服務人員專業倫理的應用

　　專業倫理是專業團體用來規範與專業服務有密切關係的行為，
保護被服務者權利並解釋含混與兩難事例的道德倫理規範。簡單地
說，是各種專門行業的行規（蔣道明，1996）。至於攸關倫理行為
及舉止的基本要求，會被進一步具體地轉化形塑為一套實務工作者
的專業倫理守則。以此，兒童課後照顧服務從業人員所應兼備的專
業倫理守則包括：

　　1. 應秉持愛心、耐心及專業知能為學童服務。

　　2. 應不分性別、種族或身心狀況，本著平等精神來服務學童。

　　3. 應以服務學童並促進身心發展為己任。

4. 應適切地使用其專業權威，並以促進兒童與其家庭社會的福祉為己任。

5. 應對其所執行業務項目和範圍盡責。

6. 應在被認定的知識與能力範圍內提供對兒童負責任的服務。

7. 提供服務時的專業職責應高於個人自身利益的考量。

8. 應以尊重、禮貌、誠懇的態度對待同仁。

9. 應在必要時協助同仁服務學童。

10. 應以誠懇態度與其他專業人員溝通協調，共同致力於服務工作。

11. 應信守服務機構的規則，履行機構賦予權責。

12. 應致力於機構宗旨、服務程序及服務效能的改善。

13. 應持續充實專業知能，以提升服務品質。

一、專業倫理之教學應用

對於「兒童課後照顧服務」專業倫理的訴求主張，實則進一步包括專業教育、專業權威、專業素養、專業標準、專業評鑑、專業自律、專業倫理、專業自主、專業關係、專業團體、專業行動、專業形象以及專業地位等理性化（rationalization）之專業主義與管理主義的發展趨勢。只是，直接扣緊國民小學兒童課後照顧服務人員的課程內容，則不難發現這些培訓課程還是比較偏重在對於兒童個體活動的教學倫理、對於兒童家長親職關係的親職倫理及對於一般大眾的社會倫理，進而忽略了從業人員與同事或同行之間的人際倫理，以及對於從業人員個體的健康自主管理與自我成長的修身倫理等課程設計。

李新民（2005）研究認為，「課後托育」的專業倫理包括鼓勵性（aspirational）、教育性（educational）、規定性（regulatory）的倫理守則，分別呈現從揭櫫崇高理想、解釋說明行為規範裁決的嚴

謹與強制性程度。美國聯邦教育部在申請補助成為社區學習中心以便進行「課後托育」服務的相關資訊介紹中，提出五個評鑑標準：

1. 滿足學習挫敗、滿足高危險群學童需求，提供必要協助服務的程度。
2. 目標明確、規劃妥當、整合服務的程度。
3. 資源充分、收費合理的程度。
4. 執行預算、管理行政的能力。
5. 自我評鑑檢討的能力。

這五個評鑑標準象徵鼓勵性與教育性的專業倫理，提醒參與課後照顧服務的工作人員盡最大的努力，去協助那些瀕臨危險邊緣或者身陷困擾中的兒童，同時也說明辦理「課後照顧學習中心」之基本條件。

「兒童課後照顧服務人員」服務的對象為 6 ～ 12 歲的國小學童，從事課後照顧必須兼顧國小學童課業輔導和生活照顧（護）等雙方面繁瑣的工作內容。在了解前述對課後照顧服務工作內涵之後，可知若直接引用目前台灣「幼兒教育專業倫理守則」，會因接觸教育對象的不同而需進行內容的編排調整，以下筆者參考台灣國小教師專業倫理守則中針對不同面向的內容（許淑玫，2006），以作為兒童課後照顧服務人員專業倫理思考的啟示。

二、「國小教師專業倫理」對應「兒童課後照顧服務人員專業倫理」的啟示

許淑玫（2006）認為，國小教師專業倫理常面臨的教學倫理議題包括：不當懲罰、公平對待、隱私權、評分、以身作則、安全的環境、誠實的教導知識、利益衝突、教育中立、教師能力及學生受教權等，其中隱私權議題普遍遭到忽略。

基於專業倫理的目的在於引導教師表現專業的、道德的行為；

為了支持上述承諾，教師應踐行守則致力於促進學生的福祉，保護學生免於傷害，並尊重每一個學生的價值與尊嚴，確保所有學生教育機會均等。教師應以身作則，關懷學生需求，從事知識啟迪，培養民主公民以體現教育的道德本質。以下提供「國小教學場域案例」作為兒童課後照顧人員專業倫理教學之應用。

【課堂教學應用——體驗發表法】
《教室裡的罪與罰》影片討論

影片描述的是在花蓮一位就讀國小五年級的學生，因為寫作業的問題，屁股被班導師用鋁棒打到瘀青，家長憤而告上法院。在國小三、四年級的老師眼中，這個學生是善良且認真的孩子，但在五年級的老師眼中，這名學生卻是不積極且學習緩慢的孩子。於影片側拍過程中，這個學生是個懂事且聽話的小孩；而在訪問鄰里過程中，這個學生卻是個很皮且不好管教的孩子。

影片出處：吳東牧（2007）。

❖ 提出問題以小組方式進行討論與分享：

1. 此案例對應國小教師教學倫理的面向和守則為何？
2. 你是否贊成零體罰？然而，零體罰之下，要如何管理學生呢？
3. 同樣是服務國小學童，國小老師與兒童課後照顧服務人員的處理方式會有不同嗎？可能會有哪些不同？

「道德」可說是一種內在價值、意志，是自律性的，它並非由體罰所能形塑的。而且體罰與道德並無必然的關係，體罰只能使人的外在行為符合道德規範，而未必有真正的內在道德價值。雖然體罰對強化學生符合道德行為有幫助，但對形成學生的道德品行不一

定有用，有時反而會適得其反，愈是體罰學生愈反抗老師。

　　台灣的課後照顧服務人員面對著專業培訓時間過短、專業知能並不嚴謹、社會地位不高、福利待遇偏低，及工作自主性較低等等的結構性限制（張添雄，2010）。在提及從事兒童課後照顧服務工作必須具備愛心及情緒穩定的人格特質基本素養時，我們總是假設這群課後照顧從業人員的身心狀態、認知發展、情緒知覺等心理衛生狀況都是穩健、成熟的。然而，這些課後照顧服務人員在體力上、情緒上及心智上若出現羸弱的身心狀況，甚至容易出現倦怠感、挫折感與無力感等等的專業倦怠（burn out）。歸根究底來看，還是要思考包括薪資待遇、福利結構、勞雇關係、職業傷害、身心警訊、專業支持、在職進修及生涯規劃等制度性保障的結構限制，方能有助於落實專業倫理守則（王順民，2005），也更有助於健全國小階段學童之身心發展。

第四節 ▪ 兒童課後照顧服務人員之壓力與心理衛生

一、壓力

　　Lyon 與 Werner（1987）指出，壓力（stress）是從不同理論藉由不同導向來定義。例如：壓力是一種刺激、壓力是一種反應，以及壓力是一種互動轉換（transaction）。而 Benoliel 等人（1990）認為壓力是包含刺激壓力形成的事件或思維、壓力與刺激的反應，以及環境因素互動轉換所產生的刺激與反應。董時叡（2001）採用互動轉換觀點的理論來定義壓力，員工的壓力包含工作場所的壓力（攸關工作壓力）與私人的壓力（非攸關工作壓力），而他們所知覺到的壓力，是來自於工作、組織、工作的不滿意與非工作的生活

壓力事件所產生的。代表組織成員的壓力不僅僅是來自於工作，亦來自於與工作無關的私人事務（Lazarus, 2000）。因此，在組織中個體的壓力包含攸關工作壓力與非攸關工作壓力，且對個體內在心理與外在反應皆會產生影響。

此外，眾多文獻指出壓力所引發的結果多為負面效果（Frankenhaeuser, 1991），像是產生不健康的生理及心理、工作滿意度降低（Burke, 2001）、提高離職率（Senol-Durak et al., 2006）及降低績效（Mohr & Puck, 2007）等研究不勝枚舉。

二、心理衛生

「心理衛生」（mental health）直接指涉的是一種心理健康狀態，狹義來看專指一個人有無心理或精神疾病，廣義來看則是不單有無心理或精神疾病，也涵蓋個人與身處環境的互動與影響。

從健康心理學的觀點來看，一個人心理上抵抗各種生活問題的能力，會影響其在家庭、職場和社會生活的適應情況；因此，由於壓力而產生的挫折、威脅、衝突、矛盾與壓迫，自然也會影響到心理衛生的良窳以至於工作職場上的專業表現（郭靜晃，2002，頁208-228）。

檢視兒童課後照顧服務人員可能潛存的心理衛生問題，可以從壓力形成的過程、因應的策略及壓力的反應等方面切入。首先，就壓力的形成過程來說，兒童課後照顧服務從業人員本身的自我概念、信念系統、社會技巧等個體因素與人際關係網絡、社會資源網絡、安親班物理環境以及職場角色結構等環境因素，也可能讓單一的生活或工作事件加惡而成為某種潛存的壓力。

因應的策略包括有「針對問題」（problem-focused）以修正環境或個人的行為，藉此調整或改變自己情緒狀態和與其他人或工作環境之間的互動關係。至於，在課後照顧的職場經驗，可能因為教

導方式或課室管理而造成勞資、親師或者師生之間產生衝突與矛盾，如此一來，包括尋求資訊或他人意見、採取問題解決的行動及權衡取捨降低傷害等，都是「針對問題」而來的不同因應策略。

而第二種因應的策略則是「針對情緒」（emotion-focused）所採取的認知因應方式，也就是說，不直接改變人與環境之間的實際關係，而是當事人改變或轉移注意的焦點，甚至是逃避事實、否定事實或乾脆改變對於事實的意義。最常出現的情形就是課後照顧人員與資方或學童家長在管教理念、教育哲學或教養觀念的衝突，迫使教師採取情緒調適、忍耐承受或發洩情緒等不同因應策略（王順民，2005）。

從壓力的形成到策略的對應，具體而微地表現出短期或中長期不同的壓力反應，這其中短期的壓力反應包括：生理的（像是胃脹痛、頭疼、肌肉痠痛等）、心理的（焦慮、無助、失神易怒、過度敏感或罪惡感等）以及社會行為的（退縮、工作效率降低等）；而中長期的壓力反應則包括：身心病痛、社會退縮、胃潰瘍、常生病、偏頭痛、藥物濫用、負向情緒、逃避人群與憂鬱等精神官能症，這些不同階段的壓力，反應具體形成所謂包括：咽喉炎、肩膀痠痛、情緒不穩、易發怒、胃痛、缺乏耐性和焦慮症等安親班工作的職業病。

總而言之，心理衛生的不健康既是一種現象也是一項徵候，這是因為任何不健康的身心狀況，都不可能是一夕造成的。因此，個體因素和環境因素等結構性誘因的引導疏通，才是積極的應對之道；連帶地，如何留意個人壓力反應而可能遭致威脅學童人身安全的機構性虐待（institutional abuse），這亦是解讀兒童課後照顧服務人員心理衛生問題的重要面向。

貼心小叮嚀——積極處理情緒的原則

❖ 當壓力來時：

　　尋求適當的管道抒解外，也檢討是否患得患失，未能事先計畫、按部就班執行。

　　面對不可避免的壓力就告訴自己：「最糟糕的情況也不過是如此。」

❖ 當憤怒來時：

　　當意見被漠視或否決時，暫時離開雙方衝突的情境，俟情緒緩和，再做反省檢討與互動溝通。試著停止內心激動，看看窗外風景，再聽聽他人分析，練習「停、看、聽」情緒處理三原則。

▌結語▌

　　兒童課後照顧服務以小學階段的一般學童為主，它涉及生活照顧、作業指導、團康體能活動、才藝教學等多層次領域，在性質上比較偏屬於補充和市場消費性質的兒童福利服務。倫理守則的目的在於引導課後照顧人員表現專業的、道德的行為，以身作則，關懷學生需求，從事知識啟迪，培養民主公民以體現教育的道德本質。

　　了解兒童課後照顧服務人員可能潛存的心理衛生問題，從壓力形成的過程、因應的策略以及壓力的反應等方面切入，因應的兩種策略包括：第一種「針對問題」以修正環境或個人的行為，藉此調整或改變自己的情緒狀態，和與其他人或工作環境之間的互動關係。第二種因應的策略則是「針對情緒」所採取的認知因應方式。

▌問題與討論 ▌

1. 請說明目前國內「兒童課後照顧服務人員」所應具備的專業資格為何？

2. 請在討論《教室裡的罪與罰》的案例後，提出可以延伸哪些教育議題？

3. 訪談一位兒童課後照顧服務人員，談論教學環境中可能面臨的倫理兩難問題，如何擬出解決的策略？可能的壓力源為何？

4. 請討論處理「負面情緒」的方法有哪些。

▍參考文獻 ▍

中文部分

王淑英、孫嫚薇（2003）。托育照顧政策中的國家角色。**國家政策季刊，2**（4），147-174。

王順民（2005）。**課後照顧服務的一般性考察：現況處境與未來展望**。國政研究報告（社會研 094-0011 號）。

李新民（2005）。**課後托育理論與實務**。麗文。

吳東牧（製作）（2007 年 10 月 3 日）。**教室裡的罪與罰，**「獨立特派員」第 14 集。公共電視。

張添雄（2010）。「課後托育」對學童的影響。載於美和科技大學舉辦之「**社會服務產業學術研討會」論文集**（頁 79-92），屏東。

許淑玫（2006）。**國民小學教師教學倫理守則建構之研究**〔未出版之博士論文〕。國立台灣師範大學教育學系。

郭靜晃（2002）。婚姻與家庭。載於郭靜晃（主編），**社會問題與適應**（頁 33-50）。揚智。

教育部資訊網（無日期）。**兒童課後照顧服務人員職前及在職訓練課程參考方案**。全國兒童課後照顧服務中心資訊網，afterschool.moe.gov.tw/public/file/01-教育部-課後照顧人員職前及在職訓練課程參考方案.pdf

曾榮祥、吳貞宜（2004）。**課後托育理論與實務**。華騰。

黃怡瑾（2000）。台南市國小學齡學童課後托育情形之初探。**台南師院學報，33**，233-261。

董時叡（2001）。工作壓力、因應行為、工作倦怠、工作壓力過程。**應用心理研究，10**，199-220。

蔣道明（1996）。**圖書館專業倫理**。文華圖書館管理資訊。

鄭芬蘭（2001）。課後托育兒童快樂情緒模式之驗證。**屏東師院學**

報，**15**，231-258。

戰寶華（2009）。課後照顧中心風險管理認知與策略建構歷程之研究。經營管理學刊，**1**，69-104。

英文部分

Benoliel, J. Q., McCorkle, R., Georgiadou, F., Denton, T., & Spitzer, A. (1990). Measurement of stress in clinical nursing. *Cancer Nursing, 13*(4), 221-228.

Burke, R. J. (2001). Job stress, work satisfaction and physician militancy. *Stress and Health, 17*, 263-271.

Frankenhaeuser, M. (1991). The psychophysiology of workload, stress and health: Comparison between the sexes. *Annals of Behavioral Medicine, 13*(4), 197-204.

Lazarus, R. S. (2000). Toward better research on stress and coping. *American Psychologist, 55*(6), 665-673.

Lyon, B. L., & Werner, J. S. (1987). Stress. *Annual Review of Nursing Research, 5*, 3-22.

Merith, C., Gale, M., Lisa, G., & Megan, B. (2004). The effects of homework programs and after-school activities on school success. *Theory into Practice, 43*(3), 220-226.

Mohr, A. T., & Puck, J. F. (2007). Role conflict, general manager job satisfaction and stress and the performance of IJVs. *European Management Journal, 25*(1), 25-35.

Nawrotzki, K. D. (2004). Making play work: The promise of after-school programs for low-income children. *History of Education Quarterly, 44*(3), 433-435.

Senol-Durak, E., Durak, M., & Gençöz, M. (2006). Development of work stress scale for correctional officers. *Journal of Occupational*

Rehabilitation, 16(1), 157-168.

Shernoff, D. J., & Vandell, D. L. (2007). Engagement in after-school program activities: Quality of experience from the perspective of participants. *Journal of Youth & Adolescence, 36*(7), 891-903.

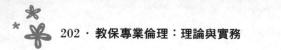

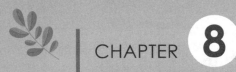

CHAPTER **8**

教保服務人員的專業成長
與生涯規劃

　　在前述幾章探討「教保專業倫理」之相關意涵、守則，以及探討幼兒園倫理兩難實例之後，反思專業倫理可以得知，教保服務人員在執行工作時應遵循的倫理價值重點為關注教保服務人員與人際互動關係，亦即教保服務人員與被保育者彼此的關係，以不違反日常生活互動的倫理原則為考量，信守其幼兒教育機構倫理規範，切勿做出傷害被保育者的事。

　　本章分為三節，首先，探討教保服務人員的專業倫理表現；其次，了解教保服務人員的專業發展；其三，認知教保服務人員的生涯規劃及其生涯轉換理論，建議幼教保科系學生以發展幼保專業知能為基礎，培養第二專長，作為未來從事兒童相關產業之職涯發展。

第一節 ▪ 教保服務人員之專業倫理表現

　　幼兒教育是一項具有豐富內涵、複雜而專精分化的知識基礎，教保服務人員需持續不停地追求專業能力成長及專業地位的建立。然而，在追求與建立的過程中，除需要了解教保專業倫理為何，更需倚賴能檢視自我的專業態度、專業角色及自身的專業發展。以下提供具專業倫理表現的五項原則（蔡延治，2005）：

1. 凡事以幼兒的利益為優先。
2. 積極維護幼兒應有的權利，如隱私權。
3. 不以任何理由傷害幼兒的身心發展。
4. 教幼兒正確的事。
5. 公平對待每位幼兒。

　　以持平的觀點言之，倘若教保服務人員能夠遵守上述的專業道德原則，也就不會違反人際日常生活互動的倫理，進而在教保服務人員與被保育者的關係上呈顯一種合乎倫理的關係。由於台灣幼教機構的經營在無法逃脫社會歷史文化結構力量影響下，長期面臨「市場化」的狀態，捨幼兒之福祉、棄專業人員的尊重（張純子，2010）。例如，原本該是由教保服務人員主導的專業自主事項上，有時會陷入繳學費的家長在教材的選擇、環境的規劃、作息與課程的安排等也取得了發言權與決定權，在私人經營的幼兒園尤為明顯。換言之，教保服務人員必須與幼兒的家長在行使專業的決定時一起分享權力，家長的背景各異，比之受過學校專業課程訓練的教保服務人員意見更為分歧，導致遇到的「教保倫理兩難問題」會層出不窮。

　　是以，幼兒教育的工作是一種動態的歷程，無法與社會環境隔絕，當社會大環境有所變動時也將影響幼兒保育工作的推動。所以，幼兒教育工作勢必受到社會環境的影響。當這些世俗權力的作

為影響到幼兒福祉，教保服務人員於工作上應當建立其專業角色：

1. 關懷者：須善體人意，有一顆愛心和一雙助人的手，才能造就出凡事有主張、做事有決心、有毅力的幼兒。
2. 觀察者：幼兒學習過程，應敏銳觀察幼兒學習情形，才能認知個別差異及需求，進而設計安排具吸引力的學習環境讓幼兒自由探索。
3. 溝通者：協助幼兒發展自我，應以幼兒的高度、速度來和其溝通才能真實、確切的了解幼兒心理與需求，讓幼兒需求獲得滿足並協助發展自我概念培養獨立自主的人格。
4. 保護者：妥善保護與照顧成長中的幼兒，使其免於受環境干擾與傷害。
5. 示範者：言行舉止能潛移默化幼兒人格，具有端莊整潔的儀表、高雅氣度、樂觀積極的人生態度，方能成為幼兒的楷模。
6. 創造者：創造富藝術氣息的多元學習情境，豐富幼兒生活經驗，培養孩子的創造力及解決問題能力。

第二節 ▪ 教保服務人員之專業發展

任何認真看待幼兒教育工作之人，都會肯定教保專業倫理對於教保工作的重要性，幼兒教育工作是一種道德活動也是一種倫理行動。因此，當教保服務人員在從事幼兒教育工作時，實不容忽視「專業倫理」，進而不會違反幼兒教育倫理規範並能提升自身專業發展。否則，將使得教保工作失去其意義性與價值性。

一、專業發展的理論與模式

幼兒教育的專業倫理乃是針對專業行為的道德考慮，給予適

當的協助與輔導，幫助教保服務人員之倫理道德始終如一，遵循著專業的核心價值觀是一個職場實務工作者的使命。身為一位稱職的專業教保人員，在工作中難免面對處理倫理道德兩難之困境，如何學會專業處理模式，需要經過不同的專業發展階段與形式。以下針對教保人員專業發展的理論，提出不同觀點（吳珍梅、程小蘋，2011）：

（一）階段論

Katz（1972）根據幼兒教師的教學年資區分為：第一年的求生期、第二年的鞏固期、第三年的求新期及之後逐漸發展出來的精熟時期。例如任教的第一年，最關心自己是否能克服眼前的困難，勝任教學工作，在教學環境中生存下來，而此時，教師最需要的是精神上的支持，包括了解、鼓勵、肯定、安慰與輔導，並學習處理事務與幼兒行為的技巧，以幫助朝向下一個階段的發展。

（二）認知論

Pui-wah（2008）指出認知複雜度是一種後設認知能力，能運用反思批判能力來檢核自己的教學信念和幼兒的發展需求，提供多元教學策略來協助幼兒的學習，從中建構自己的教學知識系統。

（三）統整論

Slepkov（2008）認為教師的教學信念與他個人的人格特質、問題解決策略有很大的關聯，專業發展是在教師的工作情境與生活經驗中交織而成的，知識的發展是回歸到個人的內在經驗與生命歷程。

（四）動力論

Cochran-Smith（2000）從一個社會文化的脈絡來說明專業發

展是教師個人觀點經過社會和學校文化氛圍不斷協商、互動之後所產生的結果。

根據上述理論與內涵,得知教師專業發展的起點始於教室中的經驗,累積其個人的年資、工作經驗與心理特徵等階段發展因素,再連結至教師動態的主體性,包括其後設認知的反思省察、個人內在經驗與教學工作的統整與幼兒園文化的互動協調,引發教師轉化型的成長(transformative growth),最終落實在教師的教學實踐中(游振鵬、蕭立成,2008)。

二、教保服務人員的倫理態度與學習

教保服務人員的角色須隨著時代的進步不斷進修與成長,因為社會上各種育兒新知與學術研究蓬勃發展,也對教保服務人員的期待愈來愈高。因此,一位優質的教保服務人員應具備的工作倫理態度為:

1. 充沛的精神,細膩的態度。
2. 積極、彈性、幽默的個性。
3. 敬業樂群,具有服務的熱忱。
4. 愛、誠信與寬容。

教保實務小叮嚀

教保服務人員做事要有彈性,就是要圓融與人好相處,有事好協調,與同事能互相合作,這點很重要!對自己要能夠自我檢討並改進,這樣才會進步,當然持續學習的意願也很重要,需要一直進修學習,才能跟上時代。

學習人際溝通之道

在人際關係方面，幼兒教師最常面對與接觸的不外乎家長、同事與園長。和諧的人際關係是和諧社會的重要基礎，沒有人與人之間的和諧就無所謂社會的和諧。同樣地，在幼兒教育工作中也需要有這樣和諧的人際關係，才能體現幼兒園的辦學宗旨，那就是「為幼兒提供優質的服務」。在這其中，做好與幼兒家長的溝通工作成為提供幼兒優質服務的重要環節。幼兒教育是一項系統工程，需要家庭和幼兒園及社區、社會的共同努力，才能促進幼兒健康成長；而教保服務人員與家長透過溝通建立和諧關係是幼兒教育成功的重要基礎。

1. 合適的時間

(1) 利用家長接送幼兒的時間進行個別交談，這種形式最普遍也最靈活。

(2) 選擇合適的時間召開家長座談會，這是教保服務人員和家長、家長與家長之間進行相互溝通最好的方式。

2. 適宜的方式和態度

(1) 教保服務人員與家長初次接觸，應主動向家長介紹幼兒園的情況，包括幼兒的健康、情緒、行為、人際關係及最近的教學活動，與要求在為解決幼兒問題時採取的措施和方法等，使家長全方位了解幼兒在園情況，理解教師意圖和方法，從而使家長配合教師工作，取得更好的教育效果。

(2) 對於不常見面的家長，如何與他們進行溝通就顯得非常重要，有良好的溝通，家長對幼兒園的工作就會產生信任。

總而言之，教保服務人員在與家長進行溝通時，必須充分尊重家長，設定好自己的定位與方向，不要以教育專家的姿態教訓家長，應該以平等的親師合作關係建立互信、互相尊重的基礎上，並

善於耐心傾聽家長意見，使家長樂於和教師親近，願意進行溝通與之相互配合教育幼兒。

三、教保服務人員專業進修

幼兒是國家最重要的人力資源，所以身為基層教保服務人員擔負的教育責任非常大，有諸多的研究均強調幼兒在班級中被照顧的經驗及與教保服務人員的互動，對其日後的學習能力與社會情緒發展影響甚鉅（Berkhout et al., 2010; Buysse et al., 2009）。提供專業發展活動有助於教保服務人員提升其倫理教育信念，結合理論知識應用於班級實務，以提供有意義的幼兒教育活動。茲列舉教保服務人員進修方式如下：

（一）教學與行政資源的整理與運用

1. 教學應用：廣泛蒐集書籍、研究文獻、報章、期刊、雜誌、電子媒體、自行拍攝等相關資源。
2. 分類製作：教師教學檔案、幼兒學習檔案、數位檔案夾。
3. 網路資源：全國大專院校幼教（保）系所網站、全國教保資訊網、建置 Facebook 等社群網站。
4. 行政資源：教育部、全國教育局（處）、兒童局（處）、社會局（處）。
5. 專業團體：全國各縣市幼教協會、托育協會、教保協（學）會。

（二）觀摩研習

教保服務人員參與園內及社團的教學觀摩和研習活動時，可以彼此觀摩、分享討論，不只是在軟體硬體設備、課程模式、教學方法及態度上多所交流，還有利於專業知能之精進。

（三）專業發展輔導

Giorgio 等人（2002）及 Johnson（2005）指出，一個有效能的幼教師在職進修是需要突破以往奔波於研習場所的知識灌輸模式，改為一種關注幼兒園本身的社會文化脈絡與發展的「到園輔導」（on-site guidance）能進一步在園裡建立共同對話與討論的氣氛，形成一股學習社群的力量，達成教學相長、專業發展的實質成效（Hsu, 2008; Pui-wah, 2008）。

1. 專業發展輔導計畫

教育部於 2017 年起因應「幼兒園教保活動課程大綱」生效，整合並更名為「公私立專業發展輔導」，其類別分成三大類，包含：基礎評鑑輔導、專業發展輔導、支持服務輔導。

2. 教保服務人員專業發展社群

為提升學前教育品質，鼓勵並支持教保服務人員組成園內、跨園之專業發展社群，以促進教保服務人員專業成長；期盼透由不同形式專業發展社群長期探究、同儕互動分享、現場實踐以及回顧反思等特質，促進專業成長（全國教保資訊網，2023）。

（四）在職進修學位

「在職進修」（in-service education）學習訓練最具多元性與實務性，就教師生涯而言，也是最為重要的發展階段（Wood, 2000）。教保服務人員可利用下班或假日時間在各公私立大專院校進修部或在職專班進修學位、學程等。

（五）參加研習會

教保服務人員為增進學識素養、專業知識和技能，提高工作效能，適應幼兒發展需要，多數利用假日課餘時間參加幼教相關專題

研習會，以提升專業知能。例如：專題演講、短期密集研習課程或
講習、系列研習課程或講習、研討會等。

（六）對某一問題做深入探討或專題研究

教保工作所遭遇的困難問題，以某一問題做深入探討，加強增
進專業素養，特別將「德育原理」重要概念融入各種相關會議加以
討論與分享。例如：讀書會、教學研討會議、專家演講等。

「專題研究」可斟酌組織內之人力、物力，選擇與大專院校進
行協同行動研究，此為有價值的進修方式，協助幼教機構有效解決
倫理兩難之相關問題。

（七）反思性對話

Schön（1983）在《反思性實踐者》（*The Reflective Practitioner:
How Professionals Think in Action*）的書中也提到，反思性對話是一
種實務工作者對情境回觀，以及再回觀的歷程，且一個好的反思
性對話是需要經過設計的。它可以是教保服務人員自身或在社群
中，對過去所發生的教學倫理故事進行回觀，並透過提問和回應的
形式，進行一連串縝密與審慎的思考歷程，藉由回觀、反思、解
構、建構與行動而產生，也是對自己的教學與教育價值的辯證，而
這樣的歷程不但可對過去的教保專業倫理上進行意義化，更可對未
來進行前瞻，其所帶出的是一種啟蒙與增能的教師專業發展歷程
（Ghaye & Ghaye, 1998；引自張素貞，2020）。

第三節 ▪ 教保服務人員之生涯規劃

本書特色在於設計一些學生未來在教保專業職場可能會經常
遇到的倫理議題，由此著手探討。在最後本節生涯規劃部分，從自
我探索作為生涯發展的起點，希冀讓學生能發現自我專業能力與職

場所需人才，了解環境中可能的挑戰與機會，同時也讓學生了解自己的長處與限制，引導檢視自我能力與職場需求能力之間的落差，進而規劃學習成長計畫，期許未來畢業能與教保職場需求人才相契合。

一、生涯發展

「生涯」（career）原意是兩輪馬車，引申為「道路」，它也意涵一生、經歷事業及謀生之道等，所以生涯是指一個人一生的道路或進展途徑（金樹人，1991）。生涯發展是一個人一連串正式工作角色，累積一系列工作經驗的成長與發展，包含個人專業知識、技術與人際關係技巧，以適應組織、發展抱負及使個人事業昇華（駱俊宏，2009）。

從生涯發展的論述觀點，檢視以女性居多的教保服務人員生涯規劃課題時，若干基本觀念的優先建構，可能要思索女性教保人員如何從性別盲（gender blindness）轉換到性別知（gender awareness）的重要關鍵。如此，當教保服務工作作為一項職種選擇與進行未來的生涯規劃時，這些女性從業人員是否能正確評估自我的能力？是否認清所身處環境的變遷生態？是否確實的檢討過去？是否有把握現在的決心？是否有放眼未來的視野？連帶地，關乎到人生目標的訂定、具體計畫的形成、各種可行途徑的考量、明確的執行步驟以及評估檢討等的運作步驟（郭靜晃，2002a，頁103），便成為教保服務人員從事生涯發展時的思考判準。

二、生涯規劃

「生涯規劃」（career planning）一詞隱含生涯、生涯發展及生涯規劃等的多重意義，泛指面對未來的歲月要做好構思規劃與妥

當設計。而生涯規劃的良窳又取決於個人健康條件、身心狀況等能力的生存問題；含括個人專業知能、人際關係、情緒管理、價值澄清等能力的生活問題及個人自我實現、人群關懷等能力（郭靜晃，2002b）。

事實上，大學幼教保系學生日後無論是從事公私立幼兒園的教保工作或課後照顧人員，皆可能是處於一種邊教、邊學的在職進修狀態。幼童教保工作本身充斥的變異特性或國小九年一貫課程設計的整合與銜接所帶來的職場壓力，在在凸顯生涯規劃的重要性。尤其，教保服務第一線基層工作人員又以女性居多，這種性別與幼兒教育相連結之後，所形成薪資偏低、待遇較差及隱藏的性別階層化（gender stratification）等深層惡化的結構性限制，說明對於女性教保服務人員提供包括「勞動權益、專業諮詢、情緒支持、時間管理、休閒教育與自我成長等」支持網絡，有著設計規劃的迫切性（吳佑珍，2003）。

準此，從包括美麗夢想的憧憬期、七手八腳的適應期、身心疲憊的衝突期、重新出發的調整期、應對自如的穩定期、另謀高就的轉戰期，到自我實現的創新期等等一連串的心路歷程，對於教保服務人員生涯規劃課題的思辨，不妨還原回到剛進入幼教工作之際，諸如「為何投入」、「要做什麼」、「能做什麼」、「有否持續進修成長」、「留下來的原因」、「離職的因素」、「何以要轉換跑道」、「想要做什麼」、「預計幾年內退休」及「退休後想做什麼和可以做什麼」等一連串生涯規劃等基本問題、處境的釐清。

三、生涯轉換理論

「生涯轉換」（career transition）的意涵，指出個體生涯發展過程中所面臨的變化或變動（黃瑞峯，2006；Schlossberg, 2005）。國外學者 O'Neil 與 Fishman（1986）認為「轉換」的意

義，是指個人生命的一部分，包括價值觀、世界觀及個人外在的改變，有些人選擇逃避，有些人會歷經痛苦而適應，或許在個人毅力、生活架構及夢想上會有所得失。因此，在一連串的生涯抉擇中，個體不但受其人格特質、能力與價值觀等因素影響，亦受外在社會環境之影響，且在所處的社會文化脈絡中所產生的行為和選擇，將引導出個人的工作態度、價值觀、職業選擇、生涯型態、角色定位、自我概念以及生涯認同等觀點，亦能從發展歷程中逐漸認識自我，形塑獨特的生活型態（顏純昕、陳銀螢，2009）。

台灣近年來，在國家整體發展上以創意知識產業及服務業取代勞力產業，未來的產業將更以專業化為導向，因此專業化的兒童產業服務人才需求將更為增加。例如有關課後照顧、兒童教材、兒童玩具、兒童刊物等需要具備兒童相關專業知能的設計或企劃人才的投入，這對幼教保系學生不啻是個契機；並可成為未來的職涯發展主軸之一。面對這樣的市場變革，顯示兒童教育產業的需求形成學生的一種生涯發展選擇（張純子，2011）。

總之，在面對生涯發展的困境或瓶頸時，通常需要改變對原本所學為職的信念。例如張純子（2012）〈一位幼兒教師生涯轉換為教材編輯人員之敘說探究〉指出，生涯發展歷程轉變的脈絡包括個人特質、性別、價值觀、性向與興趣，學習經驗包括所接受的教育訓練、曾修課程與師長對其影響；工作經歷也包括過去工作與現職工作情況，以及專業發展活動等多元樣貌。以期更順利進行生涯轉換的思考，尋求下一階段不同的出路。

【課堂教學應用——體驗發表法】
人生可以有無限的可能

　　路比，女性，未婚，33 歲，高職幼保科、二專幼保科、技術學院夜間二年制幼保系畢業（採取半工半讀進修方式）。自小個性獨立樂觀，國中時期成績平庸，當初選擇幼保科是受到家中母親擔任保母工作的影響，原本以前並不知道自己有藝術方面的天分，自從讀了幼教課程後，才發現在學習藝術類方面（教具製作、造型活動……）有很大樂趣，便逐漸從學習中獲得自信。

　　八年前離開幼兒園教學工作後，轉進出版業擔任幼兒教材編輯工作，從擔任編輯助理開始，目前是副主編，幼兒教材編輯工作所需的關鍵能力是以幼教專業知識與幼教實務經驗為本，下一階段希望朝更多發展的可能性邁進（主編、攻讀碩士班、講師等等）。

　　路比說：「首先要認識自己到底喜歡什麼樣的生活型態，而不要只會問讀完幼教之後，可以做什麼？應該把幼教專業知識與技能當成基石，再從中發現自己不同專長才能，才能開闢出另一條生涯發展路徑。」

資料來源：張純子（2012）。

進行「生命故事學習單」

　　閱讀完上述幼教老師生涯轉換的生命故事後，可以感受到生涯歷程就像是個人生命的攝影展，以下的生命故事圖像邀請讀者好好發揮，回顧過去、認識自己，才能夠規劃一個理想的人生攝影展。

　　「生命故事——四格漫畫」（如圖 8-1）內容分別為：(1) 童年的我；(2) 求學的我；(3) 工作的我；(4) 五年後的我或十年後的我。

圖 8-1　生命故事──四格漫畫

童年的我	求學的我
工作的我	五年後的我或十年後的我

四、幼童教保產業介紹

　　幼教保系學生因專業背景，得以「幼童教保相關產業」為主要職務發展方向及有利的生涯規劃，源於具備教保專業知能（擴展肢體、音樂、文學、美術、戲劇等多元課程）與教學技巧作為基礎；並配合進入兒童相關產業實習，加強職場觀摩、助教，方能成為正式的人才。以下分別介紹兒童教保暨社福產業、文化藝術產業及兒童日常生活產業三大類（陳建志等人，2013）：

（一）教保暨社福產業

以補充家長之教養及保育功能的行業，故從業人員必須由專業系統培育之，資格認定上受到相關法則規範（如《幼兒教育及照顧法》、《兒童及少年福利與權益保障法》）。

1. 托育人員

托育服務著重層面向下延伸至收托 0 ～ 2 歲嬰幼兒的機構式、居家式托嬰。隨著家庭結構核心化，每個家庭子女人數日益減低，影響到家長更加重視專業嬰幼兒教養方式，願意將家中嬰幼兒送至托育照顧。

2. 才藝教師

屬於一種課外活動，進行具有陶冶身心、培養興趣、增進生活情趣特質的活動。就熱門班別來看，有鋼琴、烏克麗麗、打擊樂、陶土、畫畫、舞蹈、圍棋、英語、作文、讀經、心算、數學等。有些是由淺入深，有階段性的學習，因此會由幼兒園開始一直學到小學為止。

3. 社福人員

因應社會結構而為各種弱勢幼童少年設立之福利機構、教養機構、輔導機構、婦嬰收容教養機構。

(二) 文化藝術產業

1. 童書文化類編輯

該從業人員應具有沉著、冷靜、思考、條理分明的思緒，並具備對文字的敏銳度，幼兒教育、出版、編輯、設計、攝影、第二外語等相關專業知識和技能。以「幼兒教材編輯人員」為例，最好是具有幼教實務經驗者更能勝任此份工作。

2. 兒童劇團

兒童戲劇工作為多元藝術集合之表現，工作具十足挑戰性，表演性質兼具彈性有別於其他行業，但卻可以得到社會各界的掌聲與肯定。

（三）兒童日常生活產業

1. 嬰幼童玩具類

幼兒教育養成訓練背景，在玩具開發過程可設計相關教案配合玩具有更多玩法，及賦予更多元的教育性目的。

2. 兒童餐飲產業

近年來，餐飲業者開發兒童喜愛活動的設計日趨多元，以幼教人員而言，可以從兒童心理及生理需求來設計各項遊戲活動及贈品開發，並配合設計相關教案、玩具，賦予趣味及教育性目的，得以專業活動企劃人員職務為主要發展方向。

3. 兒童服飾產業

兒童服飾及用品開發過程，可以參與設計使其更符合兒童喜好，得以專業採購人員職務為主要發展方向。

4. 兒童休閒產業

從寓教於樂的角度介入，協助各項活動企劃、整體環境與輔具的規劃及活動帶領，同時藉由教保服務人員教學專業知識，豐富此產業活動多元性及貼近家長需求，因專業背景得以兒童休閒企劃及帶領人員之職務為主要發展方向。

▌結語▐

　　作者認為幼兒教育工作者體認專業倫理的內涵與精神之所在，應以激發人性光輝為主旨，努力推行倫理教育，任何認真看待幼兒教育工作之人，都會肯定教保專業倫理對於教保工作的重要性。幼兒教育工作是一種道德活動，也是一種倫理行動，從專業發展的觀點來看，可見在教保服務人員專業素質中有一定重要性。以學力和學歷為基礎，教保服務人員的經驗畢竟較難以單一論定論，光以經驗、工作年數或年資作為人員適任的指標是危險的，若缺乏正確的專業知識或沒有適度的在職督導與進階訓練，極可能積非成是。因此，教保服務人員倫理工作態度應將在學專業訓練的經驗納入，並規劃相應的在職訓練與督導支援體系，使成員能在幼兒教育工作中持續成長，提供幼兒品質更好的照顧服務。

　　另外，未來在教保專業職場，除了可能須認知教保職場倫理議題之外，在生涯規劃部分，從自我探索作為生涯規劃的起點，了解環境中的挑戰與機會，同時也了解自己的長處與限制，檢視自我能力與職場需求能力之間的落差，進而規劃學習成長計畫，期許未來畢業能與教保相關產業需求人才相契合。

▌問題與討論▐

1. 教保工作具備的「專業角色」有其女性特質的限制嗎？請論述你的觀點。
2. 請舉例說明從事相關的「幼兒教保產業」所應具備的專業知能與專長。
3. 回顧與展望未來，繪出你的「生命故事學習單」。
4. 訪談一位從「幼教人員」生涯轉換相關「兒童產業」之心路歷程。

▌參考文獻▌

中文部分

全國教保資訊網（2023）。**教保服務人員專業發展社群**。https:// www.ece.moe.edu.tw/ch/preschool/course/pro_growth/community/

吳佑珍（2003）。社區照顧服務方案與促進婦女就業——以「彭婉 如文教基金會」南區為例〔未出版之碩士論文〕。成功大學政 治經濟研究所。

吳珍梅、程小蘋（2011）。幼教師的專業發展：一個到園輔導的在 職進修方案之探究。**新竹教育大學教育學報，2**（28），1-28。

金樹人（1991）。**生計發展與輔導**。天馬。

張純子（2010）。**幼教工作者之專業認同**〔未出版之博士論文〕。 國立中正大學教育學研究所。

張純子（2011）。**從幼教專業能力探究兒童教育產業人員之培育** 〔論文發表〕。育達商業科技大學幼兒保育系主辦之「兒童產 業經營與管理學術研討會」，台北，台灣。

張純子（2012）。一位幼兒教師生涯轉換為教材編輯人員之敘說探 究。**仁德學報，9**，55-70。

張素貞（2020）。「反思性對話」運用於在職教保服務人員專業成 長之探究。**師資培育與教師專業發展期刊，13**（1），53-73。

郭靜晃（2002a）。人生歷程與生命改變。載於郭靜晃（主編）， **生命教育**（頁 103-132）。揚智。

郭靜晃（2002b）。婚姻與家庭。載於郭靜晃（主編），**社會問題 與適應**（頁 33-50）。揚智。

陳建志、薛慧平、張冠蓉（2013）。**兒童產業概論與實務**。華格 那。

游振鵬、蕭立成（2008）。幼教教師專業發展面向之理論分析。**教育與發展，25**（3），113-120。

黃瑞峯（2006）。**成人生涯自我效能與生涯轉換相關之研究──以大學成人學生為例**〔未出版之碩士論文〕。國立台中教育大學諮商與教育心理研究所。

蔡延治（2005）。**教保實習**。啟英。

駱俊宏（2009）。「職涯發展」於護理專業領域之應用。**仁德學報，7**，15-27。

顏純昕、陳銀螢（2009）。一位幼兒教師生涯轉換之旅。**兒童與家庭研究學報，1**，41-76。

英文部分

Berkhout, L., Dolk, M., & Goorhuis-Brouwer, S. (2010). Teachers' views on psychosocial development in children from 4 to 6 years of age. *Educational & Child Psychology, 27*(4), 103-112.

Buysse, E., Verschueren, K., Verachtert, P., & Damme, J. V. (2009). Predicting school adjustment in early elementary school: Impact of teacher-child relationship quality and relational classroom climate. *The Elementary School Journal, 110*(2), 119-141.

Cochran-Smith, M. (2000). The future of teacher education: Framing the questions that matter. *Teaching Education, 11*(1), 1-24.

Ghaye, T., & Ghaye, K. (1998). *Teaching and learning through critical reflective practice.* David Fulton Press.

Giorgio, C., Franco, Z., & Pietro, B. (2002). Student motivation: An experience of in-service education as a context for profession development of teachers. *Journal of Teaching and Teacher Education, 18*, 273-288.

Hsu, C. Y. (2008). Taiwanese early childhood educators' professional development. *Early Child Development and Care, 178*(3), 259-272.

Johnson, S. M. (2005). The prospects for teaching as a profession in the social organization of schooling. *Future Survey, 27*(9), 22-28.

Katz, L. (1972). Developmental stages of preschool teachers. *The Elementary School Journal, 73*(1), 50-54.

O'Neil, J. M., & Fishman, D. M. (1986). Adult men's career transitions and gender role themes. In Z. Leibowitz & D. Lea (Eds.), *Adult career development: Concepts, issues, and practices* (pp. 132-162). American Association for Counseling and Development Press.

Pui-wah, D. C. (2008). Meta-learning ability – A crucial component for the professional development of teachers in a changing context. *Teacher Development, 12*(1), 85-95.

Schlossberg, N. K. (2005). *Counseling adults in transition: Linking practice with theory.* Springer.

Schön, D. A. (1983). *The reflective practitioner: How professionals think in action.* Routledge.

Slepkov, H. (2008). Teacher professional growth in an authentic learning environment. *Journal of Research on Technology in Education, 41*(1), 85-111.

Wood, K. (2000). The experience of learning to teach: Changing student teachers' ways of understanding teaching. *Journal of Curriculum Studies, 32*(1), 75-93.

附錄

幼兒園教保服務人員工作倫理守則參考資料

層面及對象 核心 價值	服務倫理 （對幼兒及其家庭）	組織倫理 （對同事、機構 及部屬）	社會倫理 （對專業及社會）
尊重接納	1. 我們應該尊重並接納每位幼兒及其家庭的獨特性，並依其背景、經驗及特質，調整與其互動的方式及內容，以符合每一位幼兒的最佳利益。 2. 我們應該尊重幼兒及其家庭的隱私，除法令另有規定外，未經同意，不得以任何方式（如口頭、書面、談話、圖片或照片、電子資料），對外發表或提供有關幼兒或其家庭的任何資訊，也不得傳播任何不實的資訊。 註：幼照法第三十一條第三項規定「幼兒園、教保服務人員及其他	1. 我們應該理解與尊重機構主管的個人觀點、專業經驗、做事方法及風格。 2. 我們應該肯定每位同事的能力及貢獻。 3. 我們應該尊重機構及同事的隱私，對機構的業務資料及工作人員的個人資料予以保密，除法令另有規定外，未經同意，不得任意蒐集、處理或利用。 4. 對機構及其工作人員有任何建議或疑慮時，我們應該先了解狀況並掌握事實資料，並可循行政管道，依實陳報或反映意見。	1. 我們應該了解幼兒園所在地區的情境，尊重當地的文化及特色，並積極納入教保活動課程，培養幼兒對在地文化的理解及關懷。 2. 我們應該理解並尊重所屬專業組織成員的專業經驗及意見，共同攜手為專業及社會發展而努力。 3. 我們應該尊重其他教保專業組織的立場，並肯定其努力。

層面及對象 核心價值	服務倫理（對幼兒及其家庭）	組織倫理（對同事、機構及部屬）	社會倫理（對專業及社會）
	人員對前項幼兒資料應予保密。但經家長同意或依其他法律規定應予提供者，不在此限。」 3. 我們做任何與幼兒或其家庭有關的重要決定前，除法令另有規定外，必須徵得其同意。		
公平正義	1. 我們應該公正公平的對待幼兒及其家庭，不因其族群、性別、個性、文化、語言、宗教、經濟或社會背景等因素而有歧視。 2. 我們應該以幼兒的最佳利益為考量，視幼兒的個別需求，提供公平而適足的教保機會及教保資源。 3. 我們應該摒除個人成見或偏好，公平公正的對待幼兒的家庭，視幼兒的需要，調整與其家庭的互動機會及互動品質。	1. 我們身為機構主管時，應該提出完善的人事政策，秉持公平且無成見的態度，在人事處置上應依據具體的事實，不受工作人員的性別、種族、國籍、宗教信仰、年齡、婚姻狀況、家庭的社經背景、身心障礙與性傾向等因素的影響。 2. 我們應該秉持公正的態度與工作人員溝通，不因個人情誼或成見而態度偏頗，並避免在幼兒或公眾面前批評或譴責工作人員。	1. 我們應該主動關心及參與社區、社會及國家資源的分配或相關政策，必要時，積極爭取，以確保幼兒、幼兒家庭及教保專業能獲得公平、足夠且符合需求的資源。 2. 我們應該在建立及執行所屬專業組織的政策時，注意幼兒教保的整體利益。

層面及對象 / 核心價值	服務倫理（對幼兒及其家庭）	組織倫理（對同事、機構及部屬）	社會倫理（對專業及社會）
		3.當工作人員遇到不公平的對待時，我們應該主動關切，協助解決問題。	
負責誠信	1.我們應該建立並維持安全及健康的環境，提供幼兒優質的教保活動課程及照顧服務，以確保幼兒在身體動作、語文、認知、美感、情緒發展及人際互動等方面的發展。 2.我們應該以誠實的態度面對幼兒及其家庭，不強迫、不欺瞞、不敷衍；也不可因方便、壓力或誘惑，做出危害幼兒或其家庭的決定或行為。 3.我們應該主動向家長說明教保服務方式及內容，並提供家庭有關幼兒接受教保服務成效的資料。	1.我們應該熟悉並遵守有關幼兒園運作的相關法規。當機構的政策或同事的行為有傷害幼兒、家庭或違反法令時，我們應該根據事實，進行意見的溝通；經反映無效時，可依據具體事實向機構主管或主管機關反映。 2.我們身為機構主管時，當工作人員未達到合理的專業期許，應積極給予輔導及協助，倘仍無法改善而需依法進行人員異動處理時，應具體告知原因，以保障其應有之權益。 3.我們應該誠實提供有關個人工作資	1.我們應該積極維護教保服務人員的專業形象，當有任何扭曲或汙衊教保專業或教保服務人員的形象時，主動表達關切並督促改善。 2.我們平時應該態度言行謹慎，以身作則，並誠實面對自己；當發現自己違背專業原則或違反專業組織規定時，及時修正。 3.我們應致力於提高教保服務人員在社會中的職業聲望；主動向社區及社會說明教保理念、目標及成果，增進社會對幼兒教保專業的了解。

層面及對象 核心 價值	服務倫理 （對幼兒及其家庭）	組織倫理 （對同事、機構 及部屬）	社會倫理 （對專業及社會）
		格、經驗及能力的資訊，並以誠信的態度管理運用機構的各項財物資源。 4. 我們應該積極參與追求專業精進的培訓方案，持續吸收新知，支持、參與或進行有關幼兒的研究，並主動分享專業經驗、訊息及資源，追求專業上的持續成長。	
關懷合作	1. 我們應該與家庭建立合作夥伴關係，並透過各種方式與家長溝通，提供相關的教保及親職資訊，支持父母或監護人的成長，以扮演合宜的父母或監護人的角色。 2. 我們應該關懷幼兒家庭在教保方面的特殊需求，必要時，協助或代為尋求專業服務。 3. 我們應該主動關懷及察覺幼兒受虐或	1. 我們身為機構主管時，應該建立一個安全且相互信任及合作的工作環境，並提供工作人員專業成長的機會。 2. 我們應該營造互相支援及和諧的組織氣氛，維護彼此的權益。 3. 我們應該主動關心新進及資淺工作人員的需求，提供學習機會及資源，協助其具備專業知能及態度。	1. 我們應該主動參與或支持所屬專業組織之活動，與所屬專業組織、專業社群或關心幼兒福祉的專業團體相互觀摩、對話及交流，積極建立支援網絡，以提升教保服務品質，並維護相關人員的權益。 2. 我們應該主動與社區交流，互通資源，建立與社區的互惠網絡。 3. 當有關單位的政策

層面及對象 核心 價值	服務倫理 （對幼兒及其家庭）	組織倫理 （對同事、機構 及部屬）	社會倫理 （對專業及社會）
	被忽略的情形，依法通報；並主動關懷及察覺弱勢或高風險家庭的需求，適時聯繫社工單位，尋求協助或建立支持網絡。 註：依兒童及少年福利與權益保障法第五十三條第一項規定略以，執行兒童及少年福利業務人員於執行業務時知悉兒童及少年有符合該條所列之不當情形，應立即向直轄市、縣（市）主管機關通報，至遲不得超過二十四小時。	4.我們應該與同事共同建立對於工作分配、權利及義務的共識，並據以執行；為求幼兒的最佳利益，我們應該與幼兒需求相關領域的工作人員協調合作。	或作為傷害幼兒的最佳利益，或有違幼兒家庭、教保服務人員及教保的專業權益時，我們應該協助所屬專業組織與其他相關組織協調合作，以求改善。

資料來源：取自教育部網站，https://www.ece.moe.edu.tw/ch/filelist/.galleries/filelist-files/201406.pdf

美國「幼教專業倫理守則」

對幼兒的倫理責任
【原則】

1-1　以不能傷害幼兒的身體、情緒、自尊等各個面向為最高指導原則。

1-2　應在正面的情緒及社會環境中保育幼兒。

1-3　不應因為幼兒的信仰、性別、種族、原國籍、患病情形、家庭結構、性別傾向、宗教或特殊的家庭結構而歧視他們。

1-4　應掌握專業知識，並結合同事及幼兒家庭的力量，進行幼兒的相關決策。

1-5　應使用多元評量方式，以達成提升幼兒學習及發展的目標。

1-6　針對關於幼兒的重要決定，如入學留級或編制到特殊班級等，必須經由多重資訊來源並進行多次的評估。

1-7　應與每位幼兒建立良好的關係，並根據每個人的差異調整個別學習活動。

1-8　應熟悉使幼兒瀕臨高風險的相關因素，包含各種方面的虐待、教育、照顧及醫療疏失等。

1-9　若有充分的理由懷疑幼兒遭受虐待或瀕臨危險時，應協助盡速通報相關單位。

1-10　若從他人接收到有幼兒受虐或忽視的情形時，應協助該訊息提供者採取適當措施。

1-11　當發現有危害幼兒的健康、安全及福利的情形時，應盡到保護幼兒的義務。

對家庭的倫理責任

【原則】

2-1　除非有法院的規定，否則不應阻止任何家庭成員進入幼兒的活動環境。

2-2　應讓家庭了解機構內教保活動實施的理念原則及相關內容，並說明教保服務人員對幼兒的倫理責任。

2-3　應讓家長在適當時機參與教保活動的決定。

2-4　在進行與幼兒相關重大決策時，應與其家人一同討論。

2-5　應使用所有能與家庭溝通的語言及方式，進行有效的溝通。

2-6　應將家長分享的資訊，在適當的時機融入課程設計的理念中。

2-7　應讓家庭成員了解幼兒進行評量的相關資訊。

2-8　針對幼兒的評量結果，應做好保密工作。

2-9　應與家庭成員分享可能導致幼兒發生意外或受傷的因素。

2-10　應了解家長有權利表達其對於機構內進行研究計畫的意見。

2-11　不應藉著與幼兒家庭的關係謀取任何利益。

2-12　應制定保護幼兒資訊的相關措施。

2-13　除非有合理的考量，如確定幼兒的權益受損，否則應將幼兒及其家庭的資訊保密。

2-14　若家庭成員中有意見相左的情形時，應公正的說明我們所了解的幼兒實際情形，幫助其達成共識。

2-15　應熟悉如何指導家庭恰當的利用社區資源。

對同事的倫理責任

【原則】

3-A-1　應認知同事對於教保活動的貢獻，不做損害其名譽的評論。

3-A-2　對於同事的專業表現有意見時，應嘗試先與其溝通，再以合作及信任的方式解決問題。

3-A-3　針對同事的看法應基於第一手資料，而非道聽塗說。

3-A-4　不應同事性別、種族、原國籍、宗教、特殊的家庭結構、年齡、婚姻狀況、身心殘疾及性別傾向而歧視他。

對雇主的倫理責任

【原則】

3-B-1　應遵守機構內各項規章制度，若有異議，應先嘗試進行內部溝通。

3-B-2　除非經過授權，否則不任意代表機構發表意見。

3-B-3　當知道有違反專業倫理守則的情事時，應採取必要的行動。

3-B-4　若知道有傷害幼兒的情形，當事情尚未危及幼兒權益時，應與同事溝通；但若已危及幼兒權益，則應立即對機構內或相關單位進行通報。

3-B-5　若教保活動有危害幼兒保育及教育品質時，應向主管或相關單位反應。

對員工的倫理責任

【原則】

3-C-1　進行決定時，應仰賴員工在幼教領域的專業度。

3-C-2　應透過合理的績效評估制度，使員工在支持他的環境中工作。

3-C-3　應建立完善的人事管理制度，清楚界定工作標準。

3-C-4　對於未達到績效的員工，我們應及時告知，並給予其協助。

3-C-5　解僱員工應有合理原因，並清楚的讓所有員工了解解僱的相關規定。

3-C-6　評估員工時應基於事實，並僅做出與專業相關的評價。

3-C-7　對員工做出人事決定時，應同時考量其專業背景、經驗，以及其帶領的幼兒之發展水平。

3-C-8　對員工做出人事決定時，不能因員工的個人背景有所差異。

3-C-9　進行員工績效評估時，應做好保密工作。

對社區與社會的倫理責任

【原則】

一、針對個人

4-1　　應向服務對象清楚說明服務的本質與內涵。

4-2　　應從事符合個人資格及能力的職務。

4-3　　應慎重檢視及僱用符合專業標準的人員從事教保服務。

4-4　　根據實施教保活動的專業知識，以客觀、精確的方式描述。

4-5　　應清楚了解評估幼兒的工具，並向家庭說明評估結果。

4-6　　應熟悉在教保活動中保護幼兒的相關法規，並確保其適當地被執行。

4-7　　當發現有危害幼兒的健康、安全及福利的情形時，應盡到保護幼兒的義務。

4-8　　不參與任何違反幼兒保護規章的活動。

4-9　　當出現明顯違反幼兒保護規章的情事時，應通報相關部門。

4-10　當課程或員工出現違反本原則的情形時，經過審慎客觀的評估後，可對外說明此不法情事。

二、針對團體

4-11　若現行法規對幼兒不利，我們有共同的責任去改變此現況。

4-12　若有確切證據指出某機構未能善盡保護幼兒的責任，我們有共同的責任對相關單位進行通報。

4-13　若保護幼兒機構未能善盡其職責，我們有共同的責任提升該機構之服務現況。

資料來源：Feeney, S., & Freeman, N. (2011)。幼兒教保專業倫理 I——從 NAEYC 倫理守則探討〔卓美芳、朱佳倫、沈文鈺譯〕。華騰文化。（原著出版年：2005）

國家圖書館出版品預行編目（CIP）資料

教保專業倫理：理論與實務／張純子著 . -- 二版 .
-- 新北市：心理出版社股份有限公司, 2024. 01
面； 公分 . --（幼兒教育系列；51232）
ISBN 978-626-7178-95-9（平裝）

1.CST: 教師職業倫理 2. CST: 學前教育

198.52 112020627

幼兒教育系列 51232

教保專業倫理：理論與實務（第二版）

作 者：張純子
執行編輯：林汝穎
總 編 輯：林敬堯
發 行 人：洪有義
出 版 者：心理出版社股份有限公司
地 址：231026 新北市新店區光明街 288 號 7 樓
電 話：(02) 29150566
傳 真：(02) 29152928
郵撥帳號：19293172 心理出版社股份有限公司
網 址：https://www.psy.com.tw
電子信箱：psychoco@ms15.hinet.net
排 版 者：龍虎電腦排版股份有限公司
印 刷 者：龍虎電腦排版股份有限公司
初版一刷：2013 年 9 月
二版一刷：2024 年 1 月
I S B N：978-626-7178-95-9
定 價：新台幣 300 元